VERÔNICA RODRIGUES, MBA

LÍDER ÁGIL, LIDERANÇA VUCA

VERÔNICA RODRIGUES, MBA

LÍDER ÁGIL, LIDERANÇA VUCA

Como liderar e ter sucesso
em um mundo de alta volatilidade,
incerteza, complexidade e ambiguidade

1ª Edição

Casa do Escritor

São Paulo
VRC
2018

©Copyright 2018 Verônica Rodrigues da Conceição
O conteúdo desta obra está protegido pela Lei do Direito Autoral, nr. 9.610, de 19/02/1998. Todos os direitos reservados. Nenhuma parte, nem a totalidade desta obra pode ser utilizada ou reproduzida sob quaisquer meios, sem a autorização expressa, por escrito, da Autora.

LÍDER ÁGIL, LIDERANÇA VUCA
Como liderar e ter sucesso em um mundo de alta volatilidade, incerteza, complexidade e ambiguidade
De Verônica Rodrigues

São Paulo: Edição da Autora, 2018
214 págs.
1ª. Edição, 2018

Editor - *Eldes Saullo*
Projeto Gráfico e Editorial - *Casa do Escritor*

ISBN-10: 1730751237
ISBN-13: 978-1730751233

1 – #Administração de Empresas   2 – #Liderança
3 – #Estilo de Liderança   4 – #Negócios   5- #Empreendedorismo
6 - #Sucesso em Negócios   7 – #VUCA   8 – #Líder Ágil
9 – #Liderança VUCA   10 – #Mundo VUCA
11 – #Sucesso em Liderança   12 – #Mudança   13 – #Coaching
14 – #Coaching Executivo   15 – #Agilidade   16 – #Líder   17 - #Agile

Índice para Catálogo Sistemático:
1. Gestão de Negócios: Administração de Empresas: 650

Todos os direitos reservados a:
Verônica Rodrigues da Conceição
Rua Bandeira Paulista, 97 – Cj. 62 – Itaim Bibi
04532-010 - São Paulo – SP - BRASIL
+55 (11) 2365-7875
autora@liderancavuca.com.br
www.liderancavuca.com.br

AVISOS

Este livro é destinado exclusivamente a ser fonte de inspiração, provocações saudáveis e desenvolvimento pessoal ou profissional e não deve ser tomado como instrução ou comando, nem como substituto à consulta de especialistas ou de profissionais eventualmente necessários, de diversas áreas, como médicos, psiquiatras, psicólogos, terapeutas, advogados, consultores, assessores financeiros, mentores ou coaches, entre outros.

Todo o seu conteúdo é destinado a adultos capazes, saudáveis e responsáveis, maiores de 18 anos. E não a pessoas física, emocional ou mentalmente sensíveis, abaladas, instáveis, doentes ou com a saúde fragilizada, nem a crianças ou a menores de idade.

O Leitor (ou Consumidor deste livro) é o único responsável por suas próprias reflexões, interpretações, entendimentos, decisões e escolhas, atitudes, ações e comportamentos, experiências, resultados e consequências, efeitos ou impactos decorrentes, direta ou indiretamente, da leitura ou do acesso, em todo ou em parte, ao conteúdo desta obra ou a materiais, produtos, serviços ou referências por ela mencionados. Nem a Autora, nem o Editor, assumem quaisquer responsabilidades.

Mesmo após todas as verificações e revisões feitas para tentar garantir a qualidade e a exatidão, não são de responsabilidade da Autora, nem do Editor, quaisquer eventuais ou involuntários erros, omissões, incorreções, inacurácias ou interpretações diferentes, referentes aos conteúdos, dados, informações, conceitos e definições, ou aos temas e subtemas abordados nesta obra.

Os indivíduos, empresas, grupos, marcas, produtos ou serviços, links, websites, processos ou negócios, e seus representantes, postos ou prepostos, são os legítimos detentores de suas propriedades e direitos legais, e quaisquer histórias, estórias ou menções a eles, são meramente ilustrativas.

Sumário

Prefácio - LÍDERES EM FORMAÇÃO CONTÍNUA 1
Apresentação...1
Ao Começar 5

Capítulo 1
O CENÁRIO E A LIDERANÇA NO MUNDO VUCA..............7

Capítulo 2
O LÍDER DE ONTEM E O LÍDER ÁGIL DE HOJE 27

Capítulo 3
POSSÍVEIS IMPACTOS DO MUNDO VUCA E
O NOVO NORMAL..51

Capítulo 4
DESAFIOS DO MUNDO VUCA 61

Capítulo 5
COMO LIDERAR E TER SUCESSO NO MUNDO VUCA 71

Capítulo 6 - Especial
PROTAGONISMO E A LIDERANÇA VUCA FEMININA ...131

Capítulo 7
ESTILO DE LIDERANÇA VUCA 173

Capítulo 8
CONCLUSÃO E OS 5 PASSOS VUCA SCAPI© 177

Sobre a Autora...195
Notas da Autora e Referências Bibliográficas...........201

Dedicatória

A meu sábio e amado Pai, Renato, modelo de líder forte e positivo, exemplar, presente e incentivador.

À minha sábia e amada Mãe, Nilza, desde sempre protagonista, tigresa incansável, impetuosa e dedicada, modelo de Líder VUCA Feminina!

Com gratidão e amor infinitos pela vida, carinho, cuidado e amor, imensos e incondicionais, que tenho o privilégio e a felicidade de receber até hoje.

Ao meu amado, precioso e desejado Irmãozinho Renato Júnior, uma profunda relação de amor e afeto, carinho, confiança, amizade e conexão, por toda a eternidade.

Às minhas tão amadas Madrinhas e segundas-mães, Linda e Titia Lourdinha, que me acompanham, me apoiam, torcem e alegram-se, por mim e por minhas conquistas. E que sempre extrapolaram – e muito - as minhas melhores expectativas, desde que nasci.

A meus amados Filhos do coração, Vivian e Felipe, minha grande alegria, inspiração e esperança para o futuro.

A meu querido Bráulio, homem iluminado, verdadeiro companheiro e grande amor da minha vida, que agradeço ao Universo, por ter tido a sorte de encontrar. O líder alfa que me conquistou e me encantou com o seu sorriso lindo, sua energia e o seu jeito alegre, leve, humano e irreverente de ser. Que me motiva e me apoia nos momentos cruciais. E que me ensina, todos os dias, a ser uma pessoa melhor.

Agradecimentos

A esse maravilhoso Deus-Universo, o mesmo de Spinoza.

A meu marido, familiares e amigos, pelo amoroso incentivo, apoio e compreensão, diante de minhas numerosas e prolongadas ausências.

A meus líderes, clientes, alunos, colegas, seguidores das mídias sociais e plateias de minhas palestras, maiores fontes de incentivo, aprendizado e motivação, para a escrita e publicação deste livro.

A Flavio Pripas, por me ouvir atentamente, acreditando no meu potencial, me oferecer a sua visão e as suas valiosas críticas, me incitar à formação de parcerias e me estimular a ir em frente, seguindo a forte pulsação de minha veia empreendedora criativa.

A Caio Bana, pela genuína parceria, por acreditar e confiar em mim como Empresária, me incentivar e ter se tornado um grande amigo, viabilizador para a realização deste projeto.

A Eldes Saullo, por me brindar com seus conhecimentos e grande experiência, uma paciente e atenciosa mentoria e suas valiosas orientações.

E a todas as pessoas que conheci, que passaram ou ainda estão presentes em minha vida, que me presentearam com as suas sabedorias, ajudando a construir a minha história e esta pessoa entusiasmada, na qual me transformei.

Namastê! [0]

VERÔNICA RODRIGUES

Prefácio

LÍDERES EM FORMAÇÃO CONTÍNUA

O melhor conceito de líder, para mim, é aquele que leva as pessoas mais longe do que conseguiriam chegar sozinhas.

Essa definição carrega uma série de características que um líder precisa ter, para atingir esse objetivo. Afinal, você só consegue levar as pessoas, se estiver compartilhando um propósito.

As rápidas mudanças e evoluções tecnológicas, fizeram a forma de liderar transformar-se e adaptar-se às novas realidades.

A forma de interação com o trabalho mudou para um novo modelo, no qual a valorização e o saber lidar com pessoas, passaram a ser necessárias a um líder que, antes, trabalhava de forma mecânica.

A velocidade da comunicação, a integração de redes sociais e a instantaneidade de dados e informações, alteraram a forma de liderar, exigindo uma tomada de decisões ágil e consciente.

Dados, tecnologia e informação, estão à disposição de todas as organizações, grandes ou pequenas, e o uso destas ferramentas será melhor por quem conseguir processar, rapidamente e de maneira correta, essa montanha de dados.

Na obra "Líder Ágil, Liderança VUCA", Verônica Rodrigues nos passa conceitos importantes, que nos ajudam a encontrar um caminho para administrarmos a volatilidade, a incerteza, a complexidade e a ambiguidade a que somos expostos, todos os dias, em nosso ambiente de trabalho.

Ninguém atinge o sucesso sozinho. Por isso, precisamos aperfeiçoar a nossa maneira de liderar e estar sempre abertos a aprender e a receber *feedbacks*.

E a educação, por meio de cursos e livros, nos ajuda a refletir sobre a nossa forma de liderar.

Boa leitura!

Luiza Helena Trajano
Presidente do Conselho de Administração do Magazine Luiza

Apresentação

*"Quando você estiver preparado,
uma força maior o levará a
compreender e a escolher
o melhor caminho a seguir."*
Verônica Rodrigues

Líder Ágil, Liderança VUCA apresenta um novo Estilo de Liderança e mostra como ter sucesso, como líder, em momentos, situações e cenários de grande volatilidade, incerteza, complexidade e ambiguidade, como o do mundo atual.

A ideia deste livro surgiu como sugestão de meus alunos, clientes, coachees e plateias, em cursos, workshops, programas de desenvolvimento e de coaching executivo e palestras que ministrei, como treinadora e desenvolvedora de líderes.

A pretensão é incitar a curiosidade e oferecer informação de qualidade para consulta rápida e instrumentos práticos e estimular a descoberta de novas maneiras de lidar e mudar própria realidade e a dos outros para melhor, no exercício da liderança.

Minha expectativa é ajudar o Líder Ágil a, rapidamente, desvencilhar-se de obstáculos, superar dificuldades e concentrar-se no mais importante para aumentar sua performance e atingir o sucesso, em sua própria concepção, nesses tempos exponenciais.

Líder Ágil, Liderança VUCA é a proposta de uma atuação mais consciente, ágil e colaborativa, adaptada aos nossos dias e aos que virão.

Contém os desafios do cenário atual, definições e conceitos essenciais, criados, adaptados ou aperfeiçoados. Um comparativo entre o líder de ontem e o Líder Ágil, de hoje. Os impactos do Mundo VUCA e a origem do termo. Alguns neologismos, para facilitar o entendimento, e palavras e expressões anglicistas, para manter o seu sentido original. As competências fundamentais, comportamentos e atitudes para a prática do novo Estilo de LIDERANÇA VUCA.

O Capítulo Especial sobre Protagonismo e a Liderança VUCA Feminina pretende chamar a atenção e aumentar a consciência das Mulheres, para o seu grande potencial de expansão de poder, colaboração e capacidade de realização, atuando na liderança.

Permiti-me expressar opiniões, pontos de vista, filosofar e provocar um pouco.

Na mais pura intenção de compartilhar e deixar um legado útil para pessoas e líderes que, como eu, estejam nessa vida buscando a realização e se esforçando para fazer alguma diferença positiva neste mundo.

Que LÍDER ÁGIL, LIDERANÇA VUCA possa inspirar você a refletir, se transformar, ser mais feliz e ter uma vida mais produtiva, próspera e abundante.

VERÔNICA RODRIGUES

Ao Começar

Como forma de agradecimento pelo seu interesse pelo meu livro, disponibilizo aos queridos leitores e leitoras, uma versão colorida deste sumário, com as competências e os principais comportamentos e atitudes do novo Estilo de LIDERANÇA VUCA.

Você já vai poder praticá-los, para superar cada situação ou fator VUCA que encontrar, para ter ainda mais sucesso.

Acesse o link: **www.liderancavuca.com.br/qr**

Até o final do livro você encontrará, além outros materiais gratuitos para acesso via internet, o quadro-resumo colorido completo e detalhado, com todos as competências, comportamentos e atitudes do novo Estilo de LIDERANÇA VUCA,.

E poderá receber mensagens e informações sobre dicas, vídeos, artigos, convites exclusivos, com eventos, cursos, treinamentos e novidades sobre importantes temas de liderança.

Cadastre-se no site: **www.liderancavuca.com.br**

Capítulo 1
O CENÁRIO E A LIDERANÇA NO MUNDO VUCA

A importância da internet em nossas vidas e o advento da conectividade global 24/7, proporcionada pelas redes *wi-fi* e pelo uso contínuo de *smartphones*, *tablets* e *notebooks*, não pode ser ignorada.

O imediato acesso a informações, o registro e o compartilhamento instantâneo de conteúdos, textos, imagens, fotos, vídeos e gravações e muito mais.

A evolução digital na tecnologia e nos negócios é irreversível e a necessidade de inclusão digital, do líder e de sua equipe, simplesmente imprescindível.

Porém, as facilidades trazidas pelos avanços da tecnologia, da ciência e da medicina, vêm acompanhadas de um nível de tensão, estresse e exigências de alto desempenho e resultados, nunca antes vivenciados pelos líderes e pela humanidade civilizada.

E as pessoas parecem estar em permanente conflito, com prioridades, valores, sentimentos e emoções humanas, em suas carreiras, no exercício da liderança e na vida.

A SUA DEFINIÇÃO DE LÍDER DE SUCESSO

Antes de prosseguir, eu convido você a refletir e escrever, numa folha branca de papel, qual é a definição de líder de sucesso que você tem para você mesmo.

É uma questão muito importante.

Não tenha pressa.

Mas saiba que, enquanto você não tiver isso bem claro na sua cabeça, vai ficar quase impossível fazer o que será preciso fazer, para chegar lá.

Costumo dizer a meus clientes de coaching executivo e treinamento e desenvolvimento de liderança que, quando está claro na cabeça, fica claro na escrita, claro na fala, claro na ação e claro na realização, para alcançar os seus objetivos e metas.

Este deve ser um exercício simples, de cerca de 15 a 30 minutos de duração.

Pegue uma folha A4 e *post-its* pequenos, daqueles menores, de uns 4 x 5cm, uma folha branca ou da cor de sua preferência e canetas coloridas.

E escreva os principais pontos que você considera essenciais a realizar, em um prazo de 1 a 3 anos, como a sua atual definição de SUCESSO, para você.

Se preferir utilizar apenas caneta e papel ou o computador ou outra ferramenta, vá em frente.

Mas, eu recomendo usar o método analógico de escrever com canetas coloridas nos *post-its*, porque fica fácil de mudar os adesivos de ordem e de lugar.

E porque é um método lúdico, que reativa áreas de nosso cérebro que, comumente, são pouco acessadas, justamente por causa do nosso hábito de utilizar, todos os dias, *smartphone*, computador e internet.

Complete a frase: "- Sucesso na liderança, para mim, nessa fase de minha vida é...".

Exemplos:

1) "-... Concluir o projeto de implantação do novo sistema de ERP da empresa, até 18/07/2020, com 98% de SLA."

2) "-... Elaborar e colocar em prática um plano de Sucessão para a posição de XXXXXXX, que ocupo no momento, de XX/XX/XXXX a XX/XX/XXXX.

3) "-... Assumir a posição de Diretor da área de Tecnologia da unidade XXXXXXXXXX da empresa XXXXXX, até 17/02/2019."

Mais alguns exemplos.

"-... Formar uma poupança no valor de R$ 135.000,00, para me manter e cursar um Mestrado em Ciências Econômicas, na Universidade XXXXXX, na cidade XXXXX, no país XXXXXX, na Europa, a partir de 10/09/2019."

"-... Adquirir um carro elétrico marca Tesla, modelo XXXXX, cor prata, motor de XXX cavalos de potência, com 4 portas, rodas XXXXX, ..., completo, com os acessórios de fábrica e todos os opcionais, até XX/XX/2019."

"-... Tornar-me Diretor de Recursos Humanos da unidade XXXXXXX, de empresa do segmento de XXXXX XX XXXX, até XX/XX/XXXX.

"-... Acumular uma reserva financeira na aplicação XXXXXXXXXXXXXXX, do banco XXXXXX, de R$ XXXXXXXX,00, correspondentes a 2 anos de minha remuneração líquida atual, para fazer um período sabático e viagens, entre 3/3/2020 e 12/5/2021."

"-... Cursar um MBA em Marketing na Escola XXXXXXXXXX, em São Paulo, Brasil, de 01/2019 a 06/2020 e obter o certificado de conclusão com, no mínimo, 80% de aproveitamento e 95% de frequência em todas as disciplinas."

"-... Ocupar a posição de CFO da empresa XXXXXXXXX, até XX/XX/XXXX, com a remuneração total mínima de R$ XXX.XXXX,00/ano."

"-... Planejar a aplicação do montante de R$ X.XXXX,00 mensais, para constituir família com 2 filhos e adquirir um apartamento de 3 dormitórios, com 2 garagens e 90 a 110m², no bairro XXXXXXXXXX, na cidade de XXXXXXXXXX, no estado de São Paulo, Brasil, até 15/02/2020."

"-... Participar, do *triathlon* da cidade de XXXXXX, nos Estados Unidos, que se realizará em XX/XX/XXXX."

. . .

Escreva o que lhe vier à cabeça que considerar realmente importante, cada objetivo ou meta significativo, pessoal ou profissional, em um *post-it* separado e com uma data bem realista, para a sua realização.

Olhe no calendário e anote a data em que acredita que vai estar realmente preparado ou ter conseguido concluir os preparativos e fazer o que precisará ter feito antes, para chegar lá.

E evite datas proforma, como dias do início ou do final do mês, 31/12/20XX ou 1º de janeiro de 20XX, quando você sabe que previu estar fazendo outra coisa, por exemplo, celebrando o *réveillon* na praia, com a sua família, e não estará alcançando, de fato, aquele objetivo ou meta que deseja ou se propôs a alcançar.

Depois coloque na folha de papel, de cima para baixo, em ordem de prioridade, o que é mais importante para você. Ou seja, o que deverá ser alcançado primeiro, e guarde-a em uma pasta com o nome "SUCESSO PARA MIM" ou outro título similar que faça sentido para você, em algum local visível e de fácil acesso.

Ao final deste livro, você receberá orientações para fazer um Plano de Ação SMART [32] e que funciona, quando deverá voltar a fazer uso dessas informações.

O ATUAL AMBIENTE CORPORATIVO, EMPRESARIAL E DE NEGÓCIOS

Vamos analisar, juntos e rapidamente, como se caracteriza o atual contexto e o ambiente empresarial, corporativo, de negócios e da liderança.

O que está acontecendo, hoje em dia?

Você deve ter observado e, provavelmente já está experienciando os efeitos, reflexos e impactos de uma grande transformação ocorrendo, recentemente.

O que tem mudado, especialmente de alguns anos para cá?

INTERNET E CONEXÃO EM REDE

Na abertura "O Mundo que Fizemos", do Fórum para o Futuro, seu fundador, Jonathon Porritt, disse que, em 2014, 40% da população do globo, já tinha acesso à internet.

E previu que, "até 2050, mais de 8 bilhões de pessoas estarão conectadas on-line, ou 97.5% da população estimada da terra, nessa época". [1]

Quem tem acesso à internet está ligado ao maior banco de dados e informações de todos os tipos, que a Humanidade já produziu.

Desenvolvem-se múltiplos interesses e sentimos a necessidade de estar conectados o tempo todo.

Navegando na internet e acompanhando tudo o que acontece pelo mundo, no mesmo instante.

Namoramos, casamos, compramos coisas e serviços, vemos e armazenamos documentos e fotos, assistimos vídeos e programas.

Temos acesso a conhecimentos, nos comunicamos, instantaneamente, com sistemas, aplicativos e pessoas, com imagem e som, em praticamente qualquer lugar do planeta.

Participamos das redes sociais, para o lazer, estudar ou trabalhar.

Inventamos, inovamos e colaboramos, conectados em redes globais, com um grau de produtividade, rapidez, desempenho e escalabilidade nunca antes alcançado.

Comercializamos, investimos, criamos criptomoedas e capitais que mudam de mãos na velocidade da luz.

Produzimos, publicamos e compartilhamos conteúdo globalmente. Em fração de segundo.

E, cada um de nós, participa da construção do presente e do futuro.

O nosso modo de viver, os nossos hobbies, a nossa formação, o jeito de aprendermos e de adquirir conhecimentos. Está quase tudo lá, on-line.

Os momentos pessoais e profissionais, e como praticamos o que acreditamos ser uma liderança de alta performance.

Todos podem ter os seus 15 cintilantes minutos de fama, a qualquer momento, exatamente como profetizou, pré-internet, aquele que foi o maior expoente do movimento *pop art*, o pintor e cineasta norte-americano Andy Warhol, na década de 1980.

E as possibilidades de inovação e de benefícios para a melhoria da qualidade de vida, a partir de um futuro próximo, com a ajuda das evoluções das ciências, da medicina e da tecnologia, já parecem ilimitadas.

NOVAS *BUZZWORDS*

Novas palavras e expressões da área de negócios, as *buzzwords*, ou versões modernizadas de palavras e termos antigos, adquiriram significados atualizados e ampliados.

Estão surgindo e pipocando a todo momento em nosso radar, competindo pela nossa atenção. Em reuniões, principalmente onde estão presentes os *millennials* e *perennials*.

E desaparecem na mesma velocidade em que vieram, assim que ficam obsoletas ou caem em desuso e são substituídas.

Agora, estão em alta: líder ágil, líder coach, valor adicionado, estar na mesma página, *game changer*, *best in class*, drones, *bots*, *hackers*, *hackaton*, *design thinking*, AI - Inteligência Artificial, IOT – Internet das Coisas, EI - Inteligência Emocional, pensamento adaptativo, disrupção, criatividade, inovação, cocriação, combinatividade, iterar[2], *lean*, *scrum*[14], *sprint*, *kanban*, BMC – *Business Model Canvas*, MVP – *Minimum Viable Product*, organizações exponenciais, *burnout*, singularidade, interdisciplinaridade, transdisciplinaridade [3] e *fake news*...

Só para mencionar algumas.

Embora não sejam objeto deste livro, estes e outros termos merecem no mínimo uma rápida pesquisa no Google, para aumentar a sua familiarização, compor o seu conhecimento e ampliar o seu repertório.

Não dá para não saber o que significam e simplesmente, não podemos deixar passar e ignorar a sua interpretação.

A qualquer momento, eles podem entrar em sua roda de discussão ou em sua vida.

E é importante ressaltar dois deles, aqui.

Iterar - é a ação de repetir um processo, melhorando-o sucessivamente e ao seu resultado, com o objetivo de aproximá-lo de um objetivo, meta ou alvo desejado. [2]

Transdisciplinaridade – "...é uma abordagem científica que visa a unidade do conhecimento... Procura estimular uma nova compreensão da realidade, articulando elementos que passam entre, além e através das disciplinas, numa busca de compreensão da complexidade." [3]

Também estamos na era da distração, das interrupções não solicitadas, intrusivas e não autorizadas e da mais completa falta de foco provocada por fatores e elementos externos a nós mesmos, que a história da humanidade já viveu.

Da competição desmedida de produtos, serviços, marcas e empresas, em todas as mídias e meios de comunicação tradicionais e alternativos existentes e ainda a serem criados, disputando ferozmente a nossa atenção - que, por sua vez, anda cada vez menos concentrada.

Temos que ficar alertas porque entramos todos os dias, voluntária ou involuntariamente, da hora que acordamos, até a hora em que vamos dormir, em um verdadeiro campo minado de armadilhas disfarçadas de oportunidades, em uma contínua batalha pela nossa cessão a algum *"call to action"*!

MARCAS E EMPRESAS

Inúmeras empresas e marcas famosas, no Brasil e no exterior, desapareceram ou desvalorizaram, foram adquiridas, incorporadas ou faliram.

Desde 2002, foram 52% das empresas listadas pela famosa edição anual da revista Fortune 500. [4]

E a previsão é de que 40% delas não existirão mais, em cerca de 6 anos [5].

Você, provavelmente, conhece todas ou algumas dessas marcas mundiais: Kodak, Braun, Yahoo, AEG, Blaupunkt, Orkut, Xerox, Chrysler, BlackBerry, Sanyo, Polaroid, Nokia...

E alguns exemplos de marcas bem fortes, também no Brasil: Blockbuster, Sadia, Perdigão, Rede Manchete, Mesbla... Inclusive as mais tradicionais, como Mappin, Varig e Cica.

E a lista vai longe.

Tem marcas que, antes, parecia que iam durar por toda a nossa vida. Que, enquanto vivêssemos, elas estariam por aí.

E que, de repente, simplesmente sumiram.

Quando eu era mais jovem, em meu bairro e nas redondezas, havia várias lojas enormes da Blockbuster, cheias de movimento.

Hoje, a existência dessa gigante do antigo segmento de locação de fitas de vídeo, não faz mais nem sentido. Ainda vemos a marca associada à das lojas Americanas Express, em algumas regiões do Brasil, na locação e comercialização de algumas músicas, nos raros CDs, e vídeos, em DVD s e Blu-ray.

O público que consome mídia física, está cada vez mais reduzido.

Esse é mesmo um segmento que tende a ser completamente substituído.

Assim como no caso de tantos outros.

Por serviços de *streaming* ou algo ainda mais inovador, que ainda nem foi inventado e ainda está por vir.

Como líder absoluta que era, no segmento de alimentação e em seu nicho de produtos *premium* para o lanche, imaginávamos que ela estaria presente à mesa dos brasileiros por todo o sempre. E quem diria que, um dia, a marca Sadia seria adquirida ou substituída?

E outras marcas importantes e tão famosas quanto esta, estão arriscadas a seguir o mesmo caminho.

Segundo edições on-line das publicações Wall Street Journal, Exame, Business Insider e outros veículos, em 2018, marcas internacionais, clássicas ou tradicionais, como Avon, Hotmail, Herbalife, JCPenney, além de Applebee's, Harley-Davidson, Macy's, Campbell, Crocs, Tiffany & Co., Fox, Twitter e até a jovem NETFLIX, estão em risco de serem vendidas, relegadas a segundo plano ou reduzir drasticamente a sua presença, operações e representatividade no mercado.

De tão significativas e perenes que pareciam, tem gente que tem marcas como a da Harley-Davidson, tatuadas no próprio corpo.

E, agora, mais ou menos como aconteceu com a *Route 66* (famosa estrada que era a única via de ligação que ia de costa a costa, nos Estados Unidos, e que foi substituída pelas ferrovias), a marca tende a tornar-se apenas uma sombra do brilhante passado que já teve.

A vida das organizações também está sendo comprometida.

Somente 11% das 500 maiores companhias do mundo, publicadas na revista Fortune de 1955, ainda estão nessa lista. [6]

A taxa de mudança está em um ritmo mais rápido do que nunca.

De acordo com um estudo de 2018, "o prazo médio de 33 anos de duração das empresas no índice S&P 500 de 1964, diminuiu para 24 anos, em 2016, e prevê-se que encolha para apenas 12 anos, até 2027." [7]

E, continuando assim, o Professor Richard Foster, da Universidade de Yale, estima que, até 2020, mais de três quartos das listadas S&P 500 serão empresas das quais ainda não ouvimos falar." [8]

Estão acontecendo mudanças que, muitos, nunca previram.

"Os varejistas foram especialmente atingidos pelas forças disruptivas, e há fortes sinais de reestruturação nos serviços financeiros, de saúde, energia, viagens e imóveis." [7]

O segmento de seguros, notadamente o automotivo, também têm previsão de ser rápida e fortemente impactado, por causa do avanço da tecnologia dos confiáveis veículos teleguiados.

"A turbulência aponta para a necessidade das empresas adotarem uma dupla transformação: concentrarem-se em mudar as necessidades dos clientes e realizarem outras intervenções estratégicas.

As que descobrem novas oportunidades de crescimento fora de seu negócio principal e as administram para crescer, com os recursos necessários e de forma adequada, são capazes de se reinventar continuamente, mudando mais rapidamente do que o mercado." [7]

Esses são importantíssimos pontos de reflexão, para todos os que dirigem ou trabalham em organizações ou que ainda pretendem empreender e planejam ter ou já têm uma empresa ou *startup*.

Imagine que, se você continuar trabalhando nela ou se tornar empresário e a sua empresa for muito bem-sucedida, ela deverá durar, no topo, em torno de 12 anos.

E depois disso, não sabemos, ainda, o que ela poderá se tornar.

Nem o que poderá acontecer com você.

Já parou para pensar no assunto?

Você aí, ainda imaginando em como crescer e se desenvolver na carreira ou colocar em prática aquela grande ideia de negócio, ganhar bastante dinheiro com ela e despontar como mais um unicórnio[9] no mercado, e já tem que pensar hoje, no que vai fazer depois.

Unicórnio, termo do meio do empreendedorismo, é uma empresa iniciante/*startup* e inovadora em seu segmento, que conseguiu algo tão difícil quanto encontrar a criatura mítica que lhe empresta o nome: ser avaliada em 1 bilhão de dólares ou mais e arrecadar esta quantia de investidores, antes de abrir seu capital para o público em bolsas de valores, em uma operação de IPO - *Initial Public Offering*, ou, em português, Oferta Pública Inicial - OPI). [9]

Impressionante, a velocidade e a radicalidade dessas transformações.

CARREIRAS, COMPETÊNCIAS, LÍDERES

As carreiras também estão mudando. E drasticamente.

A ideia de uma carreira única e duradoura, "por toda a vida" ou até 30 anos em uma empresa, muito promovida até o final do século vinte, tornou-se coisa do passado.

Apenas cerca de 19% das empresas ainda têm modelos tradicionais de carreira funcional. [10]

Por outro lado, como a média de idade da população está subindo para 60 a 70 anos [23], as carreiras das pessoas terão que durar mais... Ou ser múltiplas.

E, como a média de uma competência-chave caiu, de 30, para 5 anos [23], as próprias carreiras tendem a se tornar jornadas de aprendizado.

Com os líderes, a situação não é diferente.

Está acontecendo a mesma coisa.

Analogamente às empresas, marcas e carreiras, o tempo de vida média de um líder, dentro de uma companhia, está caindo rapidamente.

A alta rotatividade está acontecendo até com o CEO - *Chief Executive Officer*, o Presidente ou o principal executivo do negócio.

Nos últimos 20 anos, a vida média de um CEO era de cerca de 20 anos. E, em ambiente global, de aproximadamente de 9 anos e meio. Um pouco mais de 30% deles, duravam menos de 2 anos, segundo uma edição on-line de 2014, da HBR.

Em 2015, a vida média do CEO nas empresas listadas na Fortune 500, já tinha caído para 6,9 anos.

Com um tempo médio de 9 anos e meio, dava tempo de promover grandes transformações em uma empresa - era uma gestão maior do que a dois mandatos de presidente dos Estados Unidos.

Seria tempo suficiente para mexer profundamente com as estruturas e as pessoas, planejar, se preparar, testar modelos, processos, realizar e evoluir bastante.

Agora, as empresas mal têm dado chance ou tempo para os CEOs se aculturarem, começarem a fazer um bom trabalho e mostrar resultados.

Com os executivos, em geral, está ficando bem pior.

Desde 2015, em ambiente global sua vida média em uma empresa listada na Fortune 500, girava em torno de 7,6 anos, em média. E entre 30 a 70% deles, durava menos que 3 anos.

Os líderes e profissionais que não correspondem às expectativas iniciais, são logo trocados por outros, que podem estar mais bem preparados e têm o potencial de dar melhores resultados, em um período de tempo mais curto.

As empresas preferem fazer isso, a investir e confiar neles, a médio e a longo prazo.

Outro "alerta de tempestade, para os líderes, em relação à taxa de rotatividade: cerca de 50% das companhias listadas na S&P 500 vai ser substituída, nos próximos 10 anos." [4]

A vida de quem quer se realizar e se destacar, no trabalho e nos negócios, está ficando cada vez mais desafiadora, para todos os profissionais.

"47% dos empregos atuais, especialmente os trabalhos de rotina, baixa qualificação e remuneração, estarão ameaçados pela Automação total e pela Inteligência Artificial, até 2025.

O nosso valor estará em nossas Habilidades Humanas únicas e em nossa Inteligência Emocional." [11]

E uma pesquisa relatada no livro Agilidade da Liderança [12], indicou que apenas cerca de 10% dos gestores dominam o nível de agilidade necessário para uma liderança consistentemente efetiva, na turbulenta economia mundial atual.

Tudo isso pode significar que...

Se você pensa em fazer ou está fazendo um curso superior, uma especialização, pós-graduação, mestrado ou doutorado, daqui a pouco, essas formações podem não ter tanto valor no mercado como você imaginou.

Ou que você pode começar a trabalhar em uma empresa ou organização e a expectativa média de trabalho, para você e para as outras pessoas, lá, ser de cerca de 4,5 anos, mais ou menos [23].

Ou, ainda, que aquela empresa tão admirada, onde você gostaria de trabalhar quando terminar o seu curso, pode nem existir mais.

Pelo menos, não da maneira que ela existe hoje.

É... Talvez seja melhor parar para pensar um pouco nessas coisas, agora.

Essas questões mexem com a nossa cabeça e com a ideia que tínhamos estabelecido sobre o que faríamos e sobre como seria a nossa vida.

E continuarão mexendo.

Então, como se sente o líder Ágil, hoje?

Mais ou menos como um avião caça, sendo perseguido por cerca de uma dúzia de mísseis teleguiados, a poucos metros de distância e que poderão abatê-lo a qualquer momento. E tentando imaginar como se livrar desta situação potencialmente mortal.

Como lidar com tudo isso?

E sem a ajuda de uma bola de cristal?!

Parece difícil...

Às vezes, dá vontade de correr, fugir ou se esconder.

Ou, simplesmente, de largar tudo e procurar um outro lugar para viver ou outra coisa para fazer.

Mas, nosso mundo é esse mesmo, o nosso lugar é exatamente onde estamos e, a nossa vida, está acontecendo precisamente sob essas condições.

Estamos, evolutivamente falando, prontos para enfrentar e prosseguir.

Então, como dizem os surfistas, você pode escolher se preparar para surfar essa onda...

Ou "tomar um caldo"...

A decisão é sua!

Capítulo 2
O LÍDER DE ONTEM E O LÍDER ÁGIL DE HOJE

Muita coisa também tem mudado quanto aos papéis do Líder, suas funções, atribuições e responsabilidades, contexto e tudo o mais.

E existem várias definições de Líder, mas preferi criar uma que expressa a minha visão, especialmente aplicável ao tema deste livro e ao momento atual.

Líder é aquele Ser Humano que inspira, influencia e estimula, dirige e delega, acompanha, compartilha e transforma.

E que motiva as pessoas a se engajarem em uma causa maior do que elas mesmas.

É reconhecido e admirado, seguido e imitado, por colaboradores, grupos, equipes, redes, clientes, organizações, entidades ou estados.

Por sua experiência, agilidade e sabedoria na tomada de decisão, clareza na comunicação, coerência entre discurso e prática e consistência com que demonstra e transmite seus valores - por meio do seu exemplo - enquanto vive o seu propósito.

Fiz um quadro comparativo, analisando algumas das principais mudanças nas características do Líder de ontem, em relação às que identificam o Líder Ágil de hoje.

LÍDER DE ONTEM	X LÍDER ÁGIL DE HOJE
Cargo e Função Locais	Sem Fronteiras, Global e Holístico
Liderança no Topo	Liderança Permeia Toda a Organização, Conjunto de Competências
Sucesso da Estrela	Sucesso da Equipe
Tomada de Decisão Independente	Tomada de Decisão Interdependente
Defensivo	Protagonista
Posição	Processo Dinâmico
Desenvolvia-se Individualmente	Desenvolve-se em Grupos e Redes
Temido	Respeitado, Admirado, Inspirador
Poder do Cargo, Posição	Influência
Competição, Comando	Colaboração, Conexão, Emoção, Sentimento, Experiência
Rígido, Inflexível	Flexível, Adaptável, Fluído, "Líquido"
Reativo	Proativo
Líder "Tarefeiro"	Líder Estratégico
Valor à sua Opinião	Ouvir, Agregar Experiência, Apoiar a Melhor Decisão
Recompensado por ser uma "Estrela"	Recompensado pelo Sucesso de Outros e da Organização
Defensivo	Protagonista

CARGO E FUNÇÃO LOCAIS X
SEM FRONTEIRAS, GLOBAL E HOLÍSTICO

O líder de ontem, tinha uma orientação funcional. Cada líder, em seu cargo e sua função local.

Pouca preocupação havia com a necessidade de colaborar e passar o resultado, o serviço ou o produto de sua área bem executado e em tempo, para a área seguinte. A sua responsabilidade era local e restrita àquela área, departamento, setor ou unidade.

Era bem comum, cada líder ficar fechado em sua sala, em uma espécie de redoma, com uma secretária que se comportava como um leão de chácara, barrando o acesso das pessoas, porque ele era considerado importante demais para ser interrompido em sua rotina diária e isolada.

Os colaboradores só recebiam memorandos ou e-mails com cobranças e mais tarefas para fazer.

Hoje, ele tem que ter uma orientação holística, abrangente e global. Enxergar e se conectar com cada uma das pessoas que trabalham com ele e, ao mesmo tempo, o todo, o contexto, o mercado, o segmento, o negócio, a empresa, o mundo, onde ele e sua área se encaixam e como estão inseridos.

O Líder pode estar dirigindo pessoas que estão próximas, na mesma sala ou unidade em que ele trabalha, ou remotas, em escritórios, *home offices*, e unidades bem longe, em qualquer outro lugar do planeta. Sua liderança pode estar atravessando países, continentes e culturas muito diferentes.

LIDERANÇA NO TOPO X PERMEANDO TODA A ORGANIZAÇÃO

Antes, a liderança acontecia no topo das organizações. A estratégia era sigilosa, elaborada pela cúpula da direção e vinha pronta apenas para ser executada, de cima para baixo.

Hoje, a liderança permeia toda a organização.

É um conjunto de competências que deve ser desenvolvido em todas as pessoas, independentemente de sua atuação ser de líder de si mesmo (ou contribuidor individual), de grupo, de equipe, de setor, de área, de departamento, de unidade ou de toda a organização.

Espera-se que o líder e seus colaboradores tenham um sentimento de dono do negócio e cuidem dele, dentro de suas atribuições e responsabilidades, como se fosse seu.

Seguindo o propósito do fundador, dono ou acionista do negócio, cumprindo a missão da companhia, executando a visão que inicial e respeitando os valores que compõem a cultura da empresa.

SUCESSO DA ESTRELA X SUCESSO DA EQUIPE

Antes, o líder era contratado e remunerado por ser uma estrela ou personalidade. E, consequentemente, o que ele comercializava, era a sua opinião.

Recebia milhões, em salário, bônus, benefícios e premiações anuais. E era valorizado por sua fama, seu sucesso e sua estória (com "e", mesmo).

Por vitórias passadas, às vezes, duvidosas, com pontos obscuros ou que custaram caro a empresas, processos e pessoas, deixado um sinuoso rastro de mágoas e destruição, em sua trajetória.

Hoje, o Líder Ágil é contratado e remunerado por sua história de superações, aprendizados e conquistas. Por sua capacidade de obter resultados por meio do trabalho em conjunto com sua equipe e com os clientes e pela alavancagem das competências e dos resultados das outras pessoas.

Colaboradores, redes, parceiros ou terceiros, com quem ele e sua empresa se relacionam, têm cada vez mais relevância para este tipo de sucesso.

TOMADA DE DECISÃO INDEPENDENTE X INTERDEPENDENTE

Antes, era considerado um bom Líder aquele que vivia no Olimpo, como um deus grego, e que tomava as decisões sozinho, de forma solitária e independente. Não pedia opiniões, nem sugestões.

Só fazia reuniões com seus "subordinados" para comunicar as suas régias decisões e ouvir a lista dos próximos grandes problemas a serem resolvidos por sua majestosa pessoa.

Hoje, o Líder Ágil e mais efetivo é aquele que toma decisões em equipe. Ele tem a responsabilidade de ter a palavra final – não deve abrir mão disso.

Mas, não decide sem, antes, inteligentemente, ter ouvido e ponderado as opiniões, avaliações, pontos de vista, sugestões e recomendações de seus principais *stakeholders* [13]. É a tomada de decisão interdependente.

Stakeholder - no singular, é uma palavra de origem inglesa e que não tem tradução exata para o português. Em minha visão, é toda e qualquer pessoa - física ou jurídica, colaborador, par, líder, equipe, cliente interno ou externo, fornecedor, prestador de serviço ou parceiro, associação ou entidade, comunidade, rede ou grupo de pessoas, empresas ou organizações, sistema, governo, país, ecossistema, etc., dos quais participe ou não, de dentro ou de fora de sua organização - que, direta ou indiretamente, em curto, médio ou longo prazo, em maior ou menor grau, ou são envolvidas, impactadas e afetadas pelas atitudes e ações de alguém, ou cujas atitudes e ações envolvem, impactam ou afetam este alguém. Esse conjunto de elementos determina o grau de importância de cada *stakeholder* para o líder, sua equipe e a empresa e o alcance de seus objetivos e metas. Portanto, os *stakeholders* devem ser devidamente mapeados e considerados em suas tomadas de decisão e ações. (13)

O Líder de hoje pergunta, ouve, avalia, compara e discute alternativas, analisa as possibilidades apresentadas pelos membros da equipe, os prós e contras, riscos, impactos e benefícios, e decide, apoiando a melhor opção apresentada.

O Líder Ágil de hoje, é desapegado e abre mão da propriedade sobre as ideias escolhidas.

Reconhece, valoriza, nomina e dá visibilidade e crédito aos autores, colaboradores e contribuidores.

E dá importância à construção, à vitória e à alegria compartilhadas pelo alcance do objetivo final, em conjunto.

A equipe tem seu Líder atuando como coach e facilitador, para ouvir suas ideias, apresentar seus contrapontos e experiências e desafiar as soluções propostas, fazendo as perguntas-chave, provocadoras e cruciais.

E para receber, dele, a estratégia, a direção a seguir, as melhores orientações e a viabilização dos recursos necessários para implementar a melhor solução e partir para a próxima questão.

E se surgir uma oportunidade de melhoria ou uma ideia mais interessante, muda-se rapidamente a estratégia e a tática correspondentes.

O Líder de hoje, promove a SINERGIA, estimula e faz aflorar o melhor das pessoas.

Sinergia – é a decorrência da cocriação e da construção conjunta de uma solução. É a situação obtida quando o resultado final é maior do que a soma de suas partes separadamente ou de seus componentes individuais. Isso acontece porque, em construções conjuntas, ideias individuais que resolveriam parcialmente uma questão são apresentadas à equipe, complementadas por outras e mais outras, até que seja resolvida da melhor maneira possível. E é comum que se identifiquem pontos ainda não previstos anteriormente e que a solução cocriada e conjunta, abranja mais temas do que os incialmente imaginados como fundamentais. E esta solução, via de regra, acaba sendo melhor e mais abrangente do que uma ideia de solução imaginada apenas por uma única pessoa ou por várias pessoas, separadamente, para uma determinada questão.

DEFENSIVA X PROTAGONISMO

Era uma atitude até previsível, antigamente, essa do líder proteger e defender, incondicional e ferozmente, a si mesmo e à sua equipe, tentando se justificar ou eximindo-se da responsabilidade pelos eventuais erros ou enganos cometidos.

Ele usava, com frequência, a hoje inaceitável expressão "- Isso não é comigo.". A partir daí, toda a equipe seguia o seu exemplo e tinha o mesmo comportamento antipático e contraproducente.

Hoje, o Líder Ágil tem que ser empático e protagonista.

Protagonista - palavra emprestada do grego que significa, além de personagem principal de uma peça de teatro, estória ou encenação, aquele que tem a inciativa e toma a frente.

Admitir os próprios erros e enganos, bem como reconhecer seus acertos e os de sua equipe, como parte importante de sua curva de crescimento e aprendizado.

E assumir a responsabilidade por sua própria carreira, pelos resultados de suas escolhas, atitudes, comportamentos, ações e por sua vida, em geral.

O Líder tem que entender a importância da atuação integrada, sua e da sua equipe, e de contribuir com os outros.

Para alcançar o seu resultado, o Líder tem que poder contar com as outras equipes e, da mesma maneira, ajudar essas mesmas equipes das outras áreas a atingirem seus resultados, que vão compor o resultado geral da companhia.

A atitude esperada do Líder Ágil e de sua equipe, é: "- Talvez eu não possa ajudar você nesta questão, mas vamos procurar, juntos, uma maneira de resolver ou encaminhar a solução do seu problema".

POSIÇÃO X PROCESSO DINÂMICO

Antes, a liderança era uma posição, um cargo, um título designado pela empresa. De supervisor, coordenador, gerente, diretor, vice-presidente, presidente e outras variações.

Hoje, a liderança é um processo que permeia toda a organização. Qualquer um pode praticá-la, mesmo sem ter um cargo ou uma posição formal de líder.

A liderança é uma competência. E, como tal, pode e deve ser desenvolvida, em um processo dinâmico e contínuo.

Competência é um conjunto de conhecimentos, habilidades, atitudes e comportamentos, que pode ser aprendido, desaprendido, reaprendido de forma diferente, treinado e aperfeiçoado constantemente, de várias maneiras.

Com coaching interno e externo, mentoria, participação em aulas, workshops, cursos e treinamentos on-line e presenciais, assistindo a vídeos, lendo livros, pesquisando no Google, etc.

E, principalmente, colocando todo o aprendizado em prática.

Competência desenvolvida é competência demonstrada: por meio de resultados positivos, comportamentos e atitudes identificadas e claramente visíveis, por si mesmo e pelas outras pessoas.

DESENVOLVIMENTO INDIVIDUAL X EM GRUPOS E REDES

Antes, o líder focava em seu desenvolvimento individualmente e cada experiência positiva desenvolvida, fragmento de conhecimento valioso obtido ou pedaço de informação adquirido, era guardado em segredo, só para si. Por causa do medo e da ameaça que o desenvolvimento dos outros talentos de sua equipe representava para a sua posição privilegiada.

Agora, ele e a sua equipe se desenvolvem juntos, por meio da criação de fóruns, grupos de discussão, reuniões periódicas e comunidades.

E pela participação em redes interconectadas e colaborativas, de funcionários que trabalham na mesma unidade ou remotamente, que cocriam as soluções conjuntamente e contribuem entre si.

O Líder de hoje, é aquele que compartilha. Colaboração é a palavra-chave. Quanto mais ele compartilha, mais recebe de volta da equipe e mais crescem e se desenvolvem, juntos.

Todos participam, agregam valor e ajudam a ajustar, corrigir e melhorar. E o líder, a equipe, os clientes e a empresa só têm a ganhar, com isso.

Uma equipe que cresce e se desenvolve, empurra o líder para cima.

É um ciclo virtuoso.

TEMIDO X RESPEITADO, ADMIRADO E INSPIRADOR

O líder de ontem era temido pelo cargo ou posição que ocupava. Concentrava e tomava todas as decisões sozinho. Era considerado o "dono da verdade". "Mandava e desmandava" e todos os que estavam "abaixo" e "tinham juízo", tinham que "obedecer". Estando, a "ordem" recebida, certa ou errada. Era fazer daquele jeito ou buscar um outro lugar para trabalhar. Não havia espaço para discussão ou dissidências.

Hoje, o Líder Ágil e inteligente abre espaço para o diálogo, para a conversa e para as opiniões divergentes. Respeita e é respeitado e admirado pelas conquistas, individuais e coletivas, de si e de sua equipe. Inspira pelo exemplo. Pelo modo como se comporta.

E um comporta mento vale mais que mil palavras. Não só pelo que o líder diz, mas pelo que ele demonstra valorizar. O que ele fala e expressa, tem um peso grande. As suas palavras são importantes e têm poder. E o que mais pesa para inspirar as equipes, definitivamente, é o que ele faz - ou o que as pessoas o veem fazendo.

O exemplo do Líder é insubstituível, como forma de comunicação de expectativas e alinhamento de propósito, missão, visão e valores. No reforço da cultura desejada, no trabalho na empresa e para o resultado do negócio.

PODER DO CARGO X INFLUÊNCIA

Antes, o Líder detinha o poder e agarrava-se a ele, na tentativa de manter o seu cargo. Isso lhe garantia um certo *status* diferenciado e uma série de privilégios e benefícios, que o diferenciavam dos "colaboradores comuns".

Hoje, o poder do Líder, na organização e fora dela, é determinado e medido pelo grau de influência que ele exerce, na promoção da transformação desejada.

Na mudança do pensamento, das atitudes e dos comportamentos de pessoas, grupos, equipes, clientes, redes sociais e de relacionamento e círculos dos quais ele participa, em prol do alcance dos objetivos e metas da empresa.

COMPETIÇÃO X CONEXÃO, EMOÇÃO E SENTIMENTO

Antes, o Líder era valorizado por suas atitudes competitivas e por suas vitórias. O detalhe é que, sempre que existe um vitorioso, existem perdedores. Não existe lugar para vários primeiros lugares. Só para um.

Era sempre uma relação ganha-perde, gerando alegrias fugazes e frustrações, rancores e mágoas duradouras. Em alguns casos, com sede de vingança e retaliações a médio e a longo prazo.

Mau para o clima organizacional, ruim para os relacionamentos e péssimo para os resultados da companhia.

Hoje, o grande diferencial está na verdadeira conexão que o Líder Ágil estabelece, no relacionamento com as pessoas.

Na proximidade, no olhar nos olhos, em conversar e entender a realidade e o momento de cada um. Em perceber e reconhecer as próprias emoções e as dos outros e em valorizar os sentimentos que vêm em seguida. Em estar presente e dar a atenção necessária.

Em tratá-las, em todos os âmbitos, como gente e como as verdadeiras pessoas que elas são. Que têm expectativas, desejos, necessidades, emoções e sentimentos, vida pessoal, família, amigos...

E que devem ter o trabalho como um meio e não como um fim, assim como você.

E não, simplesmente, serem tratadas como "recursos humanos" – um resquício da época da Revolução Industrial, que passa uma mensagem de distanciamento e que fica parecendo uma tentativa de "coisificar" seres humanos.

A atitude-chave está no Líder estabelecer, construir e manter relações ganha-ganha, próximas e duradouras, de confiança e colaboração com as pessoas.

RÍGIDO, INFLEXÍVEL X FLEXÍVEL, ADAPTÁVEL, FLUÍDO, "LÍQUIDO"

Antes, o Líder era rígido. Em sua postura, atitudes e comportamentos.

Era duro com as pessoas e inflexível em suas posições.

O guardião das regras. Concentrador, precisava aprovar tudo, e era centrado em manter e seguir firmemente a estratégia definida pelo superior, diretoria, conselho ou acionistas.

O mundo atual é fluído e líquido [15]. Quase nada nele é feito para durar da mesma maneira que foi criado. E é cada vez mais dinâmico, maleável e veloz.

Hoje, estamos vivendo em tempos que exigem um Líder Ágil com estilo gerencial flexível, adaptável, fluído e rápido em sua tomada de decisão.

Percebendo e entendendo as alterações das pessoas, do ambiente e dos negócios e buscando novas formas de abordar e lidar com as situações.

Se necessário, em cada caso, agindo de uma maneira diferente.

REATIVO X PROATIVO

Antes, o Líder era reativo e focava suas decisões e ações na reação ao que ocorria, em seu entorno, com a concorrência e no mercado.

Esperava as coisas acontecerem e reagia aos fatos e eventos, conforme o que acreditava ser o mais "correto" a fazer.

Hoje, ele tem que antecipar-se às tendências e aos fatos.

Estar muito mais atento e utilizar suas conexões para coletar informações e tomar conhecimento de tudo o que for relevante e que poderá mudar ou impactar, positiva ou negativamente os produtos, serviços, os clientes, a economia, a política, a concorrência, o mercado da empresa ou o curso do seu negócio.

Também tem que estar antenado com todas as inovações e tendências em medicina, ciência e tecnologia.

Buscar sempre alcançar ou superar os objetivos e metas – seus e da organização.

Resumindo, ser proativo: tomar providências para sair na frente e aproveitar, primeiro, as oportunidades interessantes que surgirem.

LÍDER "TAREFEIRO" X LÍDER ESTRATÉGICO

O líder, antigamente, estava focado em si mesmo e tinha um conjunto de tarefas específicas a realizar.

Concentra muitas atividades, desacreditando do potencial e da capacidade das pessoas.

Desconfia, acredita que "são todos uns incompetentes" e que ninguém poderá fazer as coisas melhor do que ele próprio, em sua equipe.

E acaba tornando-se um "tarefeiro".

Sempre ocupado, refém de agendas, rotinas e reuniões, sem tempo para ouvir, acompanhar e desenvolver, a si mesmo e as pessoas que trabalham com ele.

Acredita-se insubstituível e orgulha-se de acumular ou não poder nem tirar férias, porque "as coisas sairiam errado", sem a sua presença na empresa.

E, por causa disso, o que ele não sabe, é que fica estagnado em sua posição.

Afinal, seus superiores também acreditam nele – foram convencidos - e preferem não o promover, para não correrem o risco de ter problemas com "os incompetentes" funcionários daquela área, caso ele receba uma promoção.

Prefere não ouvir ninguém ou só ouve e privilegia os seus favoritos.

Administra "por conflito" e joga as pessoas, umas contra as outras. Acredita ser melhor assim.

Cobra resultados, muitas vezes, sem oferecer os recursos e condições mínimos necessários para a boa execução do trabalho.

Faz tudo sempre da mesma maneira, reclama, esbraveja quando as coisas não dão certo, busca culpados e pune os erros... Sempre "dos outros".

Reclama das pessoas "incapazes" de sua equipe, cuja contratação ele mesmo aprovou, e de uma equipe despreparada e "juniorizada", que ele mesmo não desenvolveu. Por causa do medo, consciente ou não, de ter a sua posição ameaçada por gente que saiba mais do que ele.

E fica preso ao círculo vicioso da estagnação e da solidão na liderança.

O Líder Ágil de hoje, é estratégico.

Delega e foca no que é realmente mais importante e causa maior impacto positivo no resultado ou, eventualmente, pode ajudar a cessar um potencial impacto negativo.

E não se preocupa em ser ocupado, mas em ser produtivo.

Entende a diferença entre manter-se distraído com uma lista enorme de tarefas e disciplinado, escolhendo as atividades que levam a alcançar o seu propósito.

Faz uma administração compartilhada e um gerenciamento distribuído de tarefas.

Dá especial atenção ao recrutamento e à seleção de pessoas, alinhados com os valores da companhia.

E contrata, sempre que possível, pessoas mais competentes do que ele mesmo, em suas respectivas especialidades e áreas de atuação. Sabe que, assim vai ser bem assessorado, na execução e na tomada de decisões importantes.

Dedica significativa parte de seu tempo ao relacionamento, ao coaching, à mentoria e ao desenvolvimento de seus colaboradores.

Compreende que o seu maior valor está em obter bons resultados, por meio dos bons resultados do trabalho de outras pessoas.

E dá autonomia e liberdade para os especialistas de sua equipe fazerem o seu melhor.

Por isso, pode reservar tempo na agenda para cultivar bons relacionamentos, desenvolver pessoas e dedicar-se a atividades mais estratégicas.

Que envolvem análise de cenários, planejamento, previsões, projeções, estudos, decisões sobre pessoas, processos, melhorias no atendimento a clientes, geração de ideias e inovação para produtos e serviços, marketing, parcerias e outros tópicos importantes para o futuro das pessoas, da área, da empresa e do negócio.

Dá, busca e recebe *feedback* e *feedforward* ao longo do processo, reconhece, recompensa e celebra as superações, conquistas e vitórias, em conjunto com a sua equipe.

Promove e incorpora, rapidamente, as melhorias e os aperfeiçoamentos sugeridos.

E recomeça um novo ciclo da espiral ascendente de crescimento, desenvolvimento e iteração.

VALOR À SUA OPINIÃO X OUVIR, AGREGAR EXPERIÊNCIA, APOIAR A MELHOR DECISÃO

O Líder tradicional, embora tenha tido o seu valor no passado, é inflexível, não se adapta e não ouve a opinião dos "subordinados".

É hierárquico e utiliza processos ultrapassados e centralizadores de tomada de decisão. E passa por cima de qualquer sugestão, ideia ou inovação, porque supõe que, ao aproveitá-las, estará dando a clara demonstração de uma fraqueza sua.

O líder atual, conhece bem a gente de seu time e seus pares, parceiros e colaboradores, em geral, e está próximo deles, mesmo quando fisicamente distante. Sabe de suas qualidades, competências, pontos fortes e pontos a desenvolver e dá oportunidades desafiadoras a todos, para estimular o seu crescimento.

Aceita e entende os erros normais da curva de aprendizado. E orienta seus colaboradores, para que eles não se repitam mais.

Alinha expectativas, determina métricas relevantes, pontos de checagem e acompanhamento e estabelece indicadores claros de sucesso e resultados.

Delega tarefas, atribuições e responsabilidades, de acordo com o nível de competência, maturidade e desenvolvimento de cada um. Ouve, agrega sua experiência, confia na capacidade de seus colaboradores e apoia a melhor decisão.

ESTRELA X SUCESO DE OUTROS E DA ORGANIZAÇÃO

Antes, o líder era recompensado por ser uma "estrela", por sua formação em escolas e universidades de primeira linha ou por ter trabalhado em organizações-modelo.

Atualmente, o líder é recompensado pelo valor que agrega e obtém sucesso, promovendo o sucesso de outros: Colaboradores, Clientes, Parceiros, Fornecedores, Prestadores de Serviços, e a Organização e a Comunidade onde atua a empresa, como um todo.

DEFENSIVO X PROTAGONISTA

O líder de ontem, vivia na defensiva.

Buscava defender sua posição e a de sua equipe com "unhas e dentes", a qualquer custo. Mesmo quando errada.

Tendia a não admitir seus erros, a se justificar com longas explicações sobre o porquê de as coisas não terem saído ou acontecido como esperado.

Tentava eximir-se da responsabilidade, culpando pessoas e responsabilizando supostos fatores externos ou fora de seu controle, para encobrir as falhas de processo, de controle, de preparação e treinamento da equipe e dos comportamentos inadequados das pessoas.

Tendia a cometer os mesmos erros e a irritar-se e indignar-se com as tentativas dos líderes das outras áreas de sugerirem a implementação de mudanças e melhorias para a sua própria área.

O líder de hoje é protagonista.

Toma a frente e é o primeiro a buscar e identificar e expor as eventuais falhas - suas e as de sua equipe - para corrigi-las rapidamente, promover as melhorias necessárias, aumentar o desempenho e alcançar os resultados desejados.

Aceita os erros da curva de aprendizado das pessoas e dos processos e aprende com eles, para não cometê-los novamente. Mas, não tolera o baixo desempenho buscando, constantemente, o aperfeiçoamento de si mesmo, das pessoas de sua equipe e dos relacionamentos com outras áreas – internas ou externas à companhia.

Esses são os princípios que guiam e norteiam a atuação do Líder Ágil de sucesso, hoje.

Capítulo 3
IMPACTOS DO MUNDO VUCA E O NOVO NORMAL

Tudo anda acelerando de uma maneira exponencial.

A velocidade do desenvolvimento tecnológico, das ciências, da medicina e das mudanças, ocorre na proporção da rapidez com que recebemos e tomamos conhecimento da resposta à velocidade de uma busca na internet.

De todos os lados do mundo, todos os dias, aparecem novidades e inovações inesperadas, com potencial para virar o mundo de cabeça para baixo e chacoalhar as estruturas da antiga estabilidade dos negócios, com avanços nunca antes imaginados, de uma hora para outra.

E isso, só para falar dos pontos positivos.

Mas, também corremos o risco de sofrer os possíveis impactos negativos deste momento atual.

Ocorrem oscilações e alternâncias imprevisíveis e coisas surpreendentes

É a bolsa de valores que sobe e desce, o dólar que dispara e despenca, os ânimos acirrados e as reações inesperadas, do mercado, dos consumidores e das pessoas, em geral.

Movimentos radicais, com assassinatos, sequestros, atentados. Países em guerra civil e migrações em massa, invadindo a Europa.

Mudanças culturais, aquecimento global, novas invenções revolucionarias e evoluções científicas maravilhosas, mas que podem desafiar a ética, a moral e os bons costumes.

E uma sucessão de catástrofes naturais, imprevisíveis e incontroláveis, de grandes proporções, como tsunamis, furações e inundações.

Só neste século.

As relações estão emaranhadas.

Entre coisas, acontecimentos e pessoas.

Está quase impossível alterar ou mexer algo, sem refletir ou impactar algo que não prevíamos.

Existe uma confusão de valores, conceitos e a rápida disseminação de informações desencontradas e conflitantes.

As redes sociais deixaram as pessoas tão conectadas, que as relações sociais presenciais estão ficando mais raras e difíceis.

Estamos criando uma geração de jovens distraídos, desatenciosos e viciados em internet, jogos eletrônicos e *smartphones*, que beira a alienação.

Eles têm milhares de amigos virtuais e quase nenhum amigo verdadeiro e humano.

Carência de amor, carinho e afeto genuínos, versus o desânimo e desesperança de buscar e se encontrar.

Eles não estão desenvolvendo a sua resiliência [16] naturalmente e, como consequência, têm baixa tolerância à frustração, na vida virtual e na vida real.

"Resiliência é um conceito emprestado e adaptado da física, que significa a capacidade de se recuperar rapidamente, se recompor, persistir e seguir em frente, aproveitando o aprendizado obtido com os obstáculos, erros, revezes e dificuldades da vida."[16]

Na rede, é fácil reagir, sem sofrer maiores consequências. Às vezes, coberto pelo anonimato de um pseudônimo, apelido ou um nome falso. E é mais fácil ainda, desconectar-se imediatamente de qualquer situação difícil ou pessoa que não lhes agrade. Fica só a um clique – ou um toque na tela *touch screen* – de distância.

Quando saem de casa para trabalhar e morar sozinhos, têm um choque e uma decepção enorme. Percebem que o mundo que conheceram nas redes sociais, assistiram nos vídeos do YouTube e aprenderam na teoria, em meio aos amigos de infância, na segurança da escola escolhida e paga pelos pais, não é bem assim, na "vida real".

Alguns têm uma certa dificuldade inicial de se adaptar e prover a própria subsistência. Depois, superam e resolvem isso.

Outros, acabam retornando para o "ninho" seguro, ficando retraídos e continuam morando na casa dos pais por muito mais tempo. Tornam-se "crianças grandes" e adiam ou rebaixam, sem perceber, a própria capacidade de realizar o seu pleno potencial.

E isso pode ocorrer com adultos, também.

Por outro lado, as estratégias que utilizávamos antes, não funcionam mais.

O que tínhamos como certo e garantido, ou o que estávamos acostumados a fazer e acreditávamos que resolveria ou seria aplicável a uma determinada situação, não dá mais certo e não traz mais os resultados esperados.

Com frequência, nos encontramos diante de dilemas que temos dificuldade em resolver – e nos perguntamos ou consultamos outras pessoas e, mesmo assim, não encontramos a resposta sobre o melhor caminho a seguir.

Parece que tudo está meio travado, enroscado e enevoado. Os cenários se misturam. As dúvidas se acumulam. E ficamos sem saber onde encontrar novas saídas, o que pensar, como agir, o que fazer...

Notícias inundam os nossos dispositivos eletrônicos e fica difícil e consome tempo, classificar e separar o que é realmente importante, do que são inutilidades ou *fake news* – as notícias falsas.

E tem o lado positivo. Uma enxurrada de informações interessantes, inovações e oportunidades, que nos deixa entusiasmados, mas que não temos nem tempo de aproveitar...

Resumindo, estamos vivendo no Mundo VUCA!

E o que isso significa?

A expressão "Mundo VUCA" está diretamente relacionada com como as pessoas percebem essas condições em seu ambiente e em suas vidas.

E com como planejam, tomam decisões, mitigam os riscos e promovem mudanças.

VUCA é a sigla formada por um acrônimo, que apresento em português e como concebido originalmente, em inglês[17], e que diz respeito aos FATORES, ou seja, aos agrupamentos de circunstâncias, influências ou fatos mais marcantes, que estão impactando o nosso ecossistema e que refletem este momento acelerado do mundo, cada vez mais instável e em rápida mudança.

E que, claramente, têm impactos diretos nas práticas da liderança.

V **Volatilidade**
Volatility

U **Incerteza**
Uncertainty

C **Complexidade**
Complexity

A **Ambiguidade**
Ambiguity

VOLATILIDADE

Relacionada à ALTA VELOCIDADE DAS MUDANÇAS e ao movimento acelerado.

Às coisas, produtos, serviços, marcas, empresas, mercados, ciência, tecnologia, medicina, condições, situações e contextos, evoluindo e se superando, mudando, aparecendo e desaparecendo, o tempo todo e cada vez mais rápido.

INCERTEZA

Tem a ver com a IMPREVISIBILIDADE e à propensão à surpresa e ao inesperado.

Á dificuldade de prever o que virá, de saber o que fazer ou dizer diante dos fatos, acontecimentos e eventos, e com os resultados e implicações que isso pode acarretar.

COMPLEXIDADE

Representada pelos impactos e efeitos da presença de variáveis interdependentes e da MULTIPLICIDADE DE ELEMENTOS PARA A TOMADA DE DECISÃO.

A vida das pessoas e a esfera dos negócios estão muito mais confusos, caóticos, entrelaçados e emaranhados por múltiplos elementos.

Os critérios utilizados para as escolhas são menos óbvios e alterar o estado de uma variável envolvida, pode afetar e alterar o equilíbrio de todo um sistema.

É importante esclarecer a diferença entre complexo (que significa entrelaçado, interligado ou interdependente), e difícil (que quer dizer confuso, trabalhoso ou complicado).

AMBIGUIDADE

Ligada a dilemas e às dúvidas causados pela MULTIPLICIDADE DE POSSIBILIDADES DE INTERPRETAÇÃO de acontecimentos, fatos, dados e informações.

Essa indefinição da compreensão da realidade que aumenta as chances de enganos, erros de leitura de sinais e interpretação de significados.

E que pode causar confusão nas análises das relações de causa-e-efeito.

E, isso tudo, não vai parar. Só tende a aumentar.

Então, pode ser melhor se acostumar.

Porque, a partir de agora...

O Mundo VUCA é o NOVO NORMAL.

ORIGEM DO TERMO VUCA

O termo VUCA começou a ser mais utilizado a partir no final dos anos 90, no período pós-guerra fria entre os Estados Unidos e a antiga União Soviética.

E, até onde pesquisei, ele teve origem nas necessidades de adaptação das estruturas militares, para um funcionamento mais similar ao das organizações, na Era da Informação, e foi publicado, primeiro, no documento "Visão Geral de Gerenciamento Estratégico – Liderando e Gerenciando na Área Estratégica", da Carlisle Barracks, PA: U.S. Army War College, de 1996-1997 [17].

Está mencionado assim no documento original, em minha tradução livre do inglês: "Em situações que são caracterizadas por condições voláteis, incertas, complexas e ambíguas (VUCA), torna-se necessário estruturar as organizações de uma maneira que elas atendam aos desafios apresentados pelo ambiente.".

O texto foi citado e referenciado em publicações posteriores do exército americano, como a de 1998, intitulada "Treinando e Educando Oficiais das Forças Armadas para o Século 21: Implicações para a Academia Militar dos Estados Unidos" [18], e na 3ª. edição de "Manual de Liderança Estratégica" [19], de 2010.

Não encontrei referências anteriores e o termo VUCA me parece ter tido, mesmo, origem militar.

No Brasil, é bem comum a utilização popular do termo "muvuca", como sinônimo de algo como "ambiente bagunçado", desorganização, caos, desordem ou confusão.

E ele pode ser interpretado, também, como uma contração de "mundo", com a sigla "VUCA", ou "mundo VUCA".

Capítulo 4
DESAFIOS DO MUNDO VUCA E AUTODIAGNÓSTICO

O contexto do mundo VUCA traz, embutido, uma série de desafios e potenciais consequências e efeitos negativos, relacionados a cada FATOR.

Convém saber reconhecê-los, logo que aparecem, para poder escolher sair do piloto automático da reatividade e preparar-se, proativamente e com criatividade, para enfrentá-los e superá-los.

Eles vão servir como indicadores de potenciais competências que você poderá desenvolver, para lidar melhor com as circunstâncias em que estiver vivendo, em seu atual momento de vida.

IDENTIFICAÇÃO DOS DESAFIOS, EFEITOS E CONSEQUÊNCIAS DO MUNDO VUCA - AUTODIAGNÓSTICO

Você pode verificar rapidamente, se já está tendo que enfrentar os desafios e vivendo os efeitos e consequências potencialmente negativos do Mundo VUCA.

Leia as afirmações a seguir, relacionadas a cada desafio, reflita e marque, sincera e honestamente, aquelas situações com as quais você se defronta no dia a dia, voluntária ou involuntariamente, em seu atual momento de vida, trabalho ou liderança.

As maiores quantidades delas, vão lhe dar as indicações das áreas prioritárias e que exigirão mais de sua atenção, na adoção e aplicação dos comportamentos e atitudes do novo Estilo de LIDERANÇA VUCA, para aumentar as suas chances de sucesso.

DESAFIO DO FATOR VOLATILIDADE: MEDO

MEDO pode ser causado por:

- [ ] Ritmo de mudança acelerado, mais rápido do que a sua capacidade de reação.
- [ ] Necessidade muito mais veloz de tomada de decisão, do que você acredita ser capaz.
- [ ] Mudanças em grande escala, de repente, e exigindo respostas urgentes.
- [ ] Sobrecarga, estresse, ansiedade e sensação de despreparo para liderar com efetividade, com essas situações.
- [ ] Necessidade de responder e gerenciar as mudanças de forma mais eficaz.
- [ ] Demanda para passar, da reação, à prevenção ou a respostas mais proativas, em relação às mudanças necessárias.
- [ ] Ter que lidar com falhas ou alterações inesperadas nas estruturas de comando e controle, dentro das empresas ou do mercado, em ambientes rápidos e disruptivos.

E o MEDO pode provocar em você e nas outras pessoas, entre outros efeitos e consequências:

☐ Emoções e sentimentos de angústia e ansiedade, preocupação e intranquilidade.

☐ Aversão a correr riscos, com tendência a buscar mais garantias e a ficar excessivamente cauteloso e conservador.

☐ Reações de inflexibilidade: endurecimento de posições e das relações e retorno ao que é mais básico, como estratégia de sobrevivência em tempos de crise, seguindo mais estritamente as regras e normas e evitando fazer concessões

DESAFIO DO FATOR INCERTEZA: INSEGURANÇA

A INSEGURANÇA pode ter uma ou mais das seguintes causas:

- [ ] Dificuldade de lidar com o que está realmente e de fato acontecendo.
- [ ] Ter que tomar decisões e agir com informações incompletas e insuficientes ou com excesso de informação irrelevante.
- [ ] Incerteza e propensão a só confiar no que parece que já funcionava no passado.
- [ ] Muito ruído de comunicação, confusão nas informações e sinais conflitantes ou insuficientes para uma interpretação mais precisa.
- [ ] Dificuldade em "conectar os pontos" e entender os resultados e os impactos de um ou mais acontecimentos.
- [ ] Sensação ou sentimento de desproteção, insegurança, perigo iminente ou incerteza quanto ao presente ou ao futuro.
- [ ] Desconfiar da capacidade, qualidades ou competências, de si ou dos outros.

☐ Desconfiar das reais intenções, da possível agenda oculta ou do que pode estar por trás das atitudes e comportamentos das outras pessoas.

E a INSEGURANÇA pode fazer você tender a:

☐ Investir muito de tempo, esforço, energia ou recursos (humanos, financeiros, máquinas, software, equipamentos, etc.), em coleta e análise, inútil e excessiva de dados e informações, na tentativa de sentir-se mais seguro e confortável para a tomada de decisões – a "paralisia por análise".

☐ Empenhar um esforço extra para registrar, organizar e guardar, desnecessariamente, trocas de informações em e-mails, mensagens, fotos, filmes e gravações de conversas, por exemplo, no intuito de proteger-se de possíveis retaliações, ataques ou responsabilizações que acredita serem indevidas, por parte de terceiros (superiores, pares, colegas, fornecedores, prestadores de serviços, parceiros de negócios, clientes, etc.).

DESAFIO DO FATOR COMPLEXIDADE: SOBRECARGA

A SOBRECARGA pode ser causada por:

- ☐ Dificuldade de agir e conduzir a mudança necessária para resolver um emaranhado de questões e preocupações.
- ☐ Dificuldade de saber por onde começar a resolver problemas ou fazer as mudanças.
- ☐ Tentação de atuar e implementar soluções de curto prazo, na expectativa de resultados rápidos.
- ☐ Falta de tempo para conhecer os fatos importantes ou relevantes, refletir e pensar sobre temas mais complexos.
- ☐ Sentir-se refém de atitudes "atenuadoras de consequências", que não tratam, nem resolvem a principal causa dos problemas.
- ☐ Sentir-se preso em comportamentos da "paralisia por análise", e acabar não agindo em tempo ou agindo tarde demais para tentar solucionar alguma questão – às vezes, sem sucesso.

A SOBRECARGA pode motivar você a:

☐ Entrar em modo defensivo e apresentar comportamentos de excesso de desculpas ou justificativas, na tentativa de eximir-se de atribuições, tarefas ou resultados de sua responsabilidade.

☐ Buscar outros "culpados" ou "bodes expiatórios" para os problemas causados por você mesmo ou por sua equipe – pela falta ou adiamento de decisões na hora certa, por não saber como lidar ou não conseguir resolver ou, ainda, por falta de preparo, capacidade, experiência ou competência para fazer o que precisava ser feito.

☐ Adotar soluções simplistas, errôneas ou equivocadas, que não abordam ou não resolvem o problema principal, que teria que ser resolvido.

DESAFIO DO FATOR AMBIGUIDADE: DÚVIDA

O estado de DÚVIDA pode ter uma ou mais dessas causas:

☐ Falha ou dificuldade na compreensão do significado, impacto ou importância de acontecimentos ou eventos.

☐ Risco aumentado ou elevado de erros de interpretação de acontecimentos e respostas inadequadas e ineficazes a fatos ou eventos ou consequências relacionadas.

☐ Muita distância – física, hierárquica ou de conexão - entre a Liderança, sua equipe, seus pares, a fonte ou o contexto dos acontecimentos ou eventos.

☐ Seus líderes ou você mesmo, atuando como Líder, trabalhando e tomando decisões com base em uma compreensão limitada dos acontecimentos e eventos e de seus impactos e significados de curto, médio e longo prazo.

A DÚVIDA pode induzir você a:

☐ Desconfiar, hesitar e ter falta de disposição para colaborar com as outras pessoas.

☐ Tentar evitar ou adiar a tomada de decisões importantes.

☐ Atrasar a realização ou a implementação das mudanças importantes ou necessárias à solução dos problemas e questões ou ao seu devido encaminhamento.

Se você se identificou com várias dessas causas, percebeu que está passando por algumas dessas situações ou já estiver sofrendo as consequências, redobre a sua atenção.

A partir do próximo capítulo, apresento o novo Estilo de LIDERANÇA VUCA, com as possíveis soluções, que poderão ser utilizadas por líderes como você e por outra pessoa, para funcionar como "remédios", quando aplicados em qualquer contexto VUCA.

Capítulo 5
COMO LIDERAR NO MUNDO VUCA – A NOVA SELEÇÃO DE COMPETÊNCIAS, COMPORTAMENTOS E ATITUDES DE SUCESSO

Diante de tantos desafios, ameaças e circunstâncias adversas, como se sente o líder, hoje?

Bem, mais ou menos como o piloto de um avião de caça que está sendo perseguido, cada vez mais de perto, por cerca de uma dúzia de mísseis teleguiados, prontos para explodir...

E como lidar com tudo isso e ter alta performance?

A pergunta parece não ter resposta e, a situação, desesperadora e sem saída.

Mas, como entregar-se simplesmente não é uma opção, a sua melhor chance é escolher uma nova abordagem (ou um novo paradigma[20]), para lidar com tudo isso.

Para enfrentar, atenuar, neutralizar ou resolver definitivamente essas questões - o que seria o ideal.

"Paradigma - de forma bem simplificada, significa a forma, a maneira, o modelo ou o padrão que você utiliza, consciente ou inconscientemente, para abordar ou lidar com as situações ou para resolver problemas que se apresentam no seu dia a dia."[20]

O NOVO ESTILO DE LIDERANÇA VUCA

Conforme as condições do contexto, a época, o ambiente, o mercado, as organizações e o ecossistema da liderança vão mudando, assim também devem mudar e se adaptar os comportamentos e atitudes dos líderes, para alavancarem o sucesso, próprio, de suas equipes, de seus negócios e dos negócios onde trabalham.

Minhas análises, experiências e o acompanhamento de estudos realizados por especialistas, me permitiram observar o que segue.

1 – Os estilos de liderança [21] mais frequentemente analisados e reportados como impactantes para o clima organizacional, que correspondem a cerca de um terço dos resultados das empresas, eram o Autoritário, o Coercitivo, o Afiliativo, o Democrata, o Modelo de Alta Performance e o Coach.

2 – Os líderes têm maior chance de ser bem-sucedidos e criar melhores condições para

otimizar o desempenho de suas equipes e dos negócios que lideram, quanto melhor conhecerem e estiverem preparados e capacitados para transitar livre e conscientemente pelos diversos estilos de liderança, de acordo com cada situação que estiverem enfrentando, em cada momento [21].

3 – "A média de vida de uma competência-chave caiu, de 30, para 5 anos." [23]

4 – O conjunto de competências, comportamentos e atitudes dos estilos de liderança apresentados [21], não cobrem todas as necessidades do atual momento VUCA em que vivem e trabalham os Líderes de hoje, permanecendo uma lacuna.

Então, a proposta deste livro é oferecer ao Líder Ágil, que quer estar pronto para atuar, ser bem-sucedido e ter alta performance nas organizações exponenciais[24], a possibilidade de conhecer, incorporar e utilizar o novo Estilo de LIDERANÇA VUCA, sempre que necessário.

Como um forte aliado e uma ferramenta prática, que aumenta as suas chances de efetividade na liderança e sucesso nos negócios, mesmo diante dessas condições VUCA, tão adversas e extremas.

Ele funciona como um recurso adicional, para enfrentar o estresse, superar os desafios e combater os potenciais efeitos negativos do cenário VUCA.

As competências da LIDERANÇA VUCA para o Líder Ágil, são: Visão, Entendimento, Clareza e Agilidade, que combatem, respectivamente, os Fatores VUCA da Volatilidade, Incerteza, Complexidade e Ambiguidade, e o Protagonismo, que combate a Passividade (do conformismo ou do comodismo).

Para cada um dos quatro Fatores VUCA que estiver se manifestando, o Estilo de LIDERANÇA VUCA© apresenta uma competência e um conjunto de comportamentos e atitudes, que podem ser aplicados de imediato, para ajudar você, Líder Ágil, a sua equipe e a empresa, a superar os momentos mais turbulentos.

A inovação está em poder desenvolver e preparar o Líder Ágil, para evitar as armadilhas e vencer neste ambiente hostil, escolhendo aplicar o novo ESTILO DE LIDERANÇA VUCA© nos momentos de maior volatilidade, incerteza, complexidade e ambiguidade.

E para todos - mas, principalmente para as Mulheres Líderes - existe uma outra competência complementar, o Protagonismo, que poderá ajudar a combater a Passividade (do comodismo ou do conformismo) e que abordo no Capítulo 6 - Especial.

LIDERANÇA VUCA©
COMPETÊNCIAS, COMPORTAMENTOS E ATITUDES DO LÍDER ÁGIL DE SUCESSO

VISÃO
Vision
- Influenciar
- Acreditar
- Focar

ENTENDIMENTO
Understanding
- Curiosidade
- Compaixão
- Abertura

CLAREZA
Clarity
- Simplificar
- Intuir
- Pensar Sistemicamente

AGILIDADE
Agility
- Decidir
- Inovar
- Empoderar

PROTAGONISMO
Protagonism
- Comunidade
- Engajamento
- Fraternidade/Sororidade

Apresentarei cada competência e seus comportamentos e atitudes de sucesso, na sequência.

VISÃO X VOLATILIDADE

A nossa arte, na liderança, é conseguir comunicar a VISÃO, dando sentido à sua união com o propósito, a missão e os valores. É a capacidade de transmitir, claramente, a imagem do que ainda pode estar invisível ao olhar das outras pessoas.

VISÃO é a competência que comunica o sonho e o que o líder enxerga como o caminho a seguir, para o cumprimento da missão e do propósito da companhia, enquanto respeita os seus valores.

VISÃO é o que combate a VOLATILIDADE.

E deve transmitir uma mensagem inspiradora, de coragem, resiliência, garra e determinação.

As subcompetências da VISÃO, são: Influenciar, Acreditar e Focar.

LIDERANÇA VUCA©
COMPETÊNCIAS, COMPORTAMENTOS E ATITUDES DO LÍDER ÁGIL DE SUCESSO

Seus comportamentos e atitudes são apresentados no quadro da VISÃO e detalhados nas páginas seguintes.

LIDERANÇA VUCA©
COMPETÊNCIAS, COMPORTAMENTOS E ATITUDES DO LÍDER ÁGIL DE SUCESSO

V
VISÃO
Vision

Vola**tilidade**
Volatility

INFLUENCIAR

COMUNICAR
- Rápido, MVV
- Consistência
- Redes Sociais
- Ser ENTENDIDO para ser ATENDIDO

LIDERAR COM PROPÓSITO
- Explicar o PORQUÊ
- Dar a Direção, CNV
- Distribuir Responsabilidades

DAR O EXEMPLO

ACREDITAR

CONFIAR em Você Mesmo e nos Outros
- Gradualmente, com Base em Evidências, Atitudes e Comportamentos
- Valores Inegociáveis

COMPARTILHAR

SER CONFIÁVEL
- HONESTO, ÉTICO e ÍNTEGRO
- Autêntico e Coerente
- Manter a Palavra
- FAZER O QUE FALA
- CUMPRIR O QUE PROMETE

FOCAR

ENVOLVER e ENGAJAR
- Equipe
- Parceiros
- Fornecedores
- Clientes...
- *Stakeholders*

ALINHAR os Esforços da Equipe para a SOLUÇÃO

PRIORIZAR
- Atividades, Tarefas e Recursos para as Áreas Mais Importantes

VISÃO

INFLUENCIAR

Utilização positiva do seu poder pessoal e da sua capacidade de influir, inspirar, estimular, impactar, modificar, moldar ou ter um efeito, com ou sem autoridade formal, sobre os pensamentos, comportamentos e atitudes das outras pessoas.

COMUNICAR

RÁPIDO, com ASSERTIVIDADE [25], para as pessoas certas e em tempo, tudo o que for importante ou puder impactar, positiva ou negativamente o bom andamento, o desempenho, o relacionamento, a satisfação, a performance ou o trabalho das pessoas, dos clientes e do negócio.

MVV - Comunique claramente e declare, abertamente, o trio Missão, Visão e Valores - seus e da companhia.

Descentralize e passe, de imediato ou o mais breve possível, todas as informações, dados e fatos relevantes, a quem precisar saber.

CONSISTÊNCIA – Mantenha o canal de mão dupla da comunicação aberto e faça isso com frequência e periodicidade, com a sua equipe, pares, superiores, colaboradores, clientes e *stakeholders* [13], em geral.

Saiba ou aprenda como contar histórias (ou estórias) interessantes e convincentes, com começo, meio e fim, e que transmitam cada mensagem importante que você precisar compartilhar.

REDES SOCIAIS – Esteja presente, participando ou monitorando as mais importantes para você, seus clientes e o seu negócio. No mínimo, com o seu perfil, para começar. Marque a sua presença com postagens relevantes - para os outros! O conteúdo tem que ajudar ou contribuir com alguma coisa, motivar ou melhorar o dia ou a vida das outras pessoas, de alguma maneira. Não pode ser só autopromoção. Se não, as pessoas percebem e param de seguir. Ou pode ficar arrogante, antipático e maçante. E aí, elas podem se tornar *haters* (os "odiadores"), o que é bem pior. Não será possível agradar a todo mundo, mas não precisa exagerar.

ASSERTIVIDADE - "Assertividade na Comunicação... objetiva alcançar um resultado do tipo "ganha-ganha" e que implica não focar apenas em "o quê" você quer expressar, mas em "como" você o expressa. Envolve a capacidade de declarar, divulgar ou comunicar ideias, desejos, expectativas, necessidades, aspirações, afirmações, sentimentos e emoções, convicções, argumentos, opiniões, etc., transmitindo a mensagem com clareza e objetividade. Demonstrando autoconfiança e autoestima, respeito e consideração, por si e pelo outro. Sem agressividade ou passividade. Preservando os direitos dos envolvidos. Com o melhor conteúdo, da melhor forma, pelo melhor meio, no melhor momento e no melhor tempo. Verificando o entendimento e estabelecendo os próximos passos (se for o caso), para atingir o objetivo desejado." [25]

Envolve 'Ser Entendido, para Ser Atendido' -E não tem nada a ver com "acertar", embora a efetividade da comunicação possa depender diretamente dela. Verifique, pergunte e certifique-se de que a sua mensagem chegou ao seu interlocutor ou interlocutores da maneira que você desejava e que foi compreendida por eles, do jeito deles, nas palavras deles.

Se não tiver sido, repita a mensagem de maneiras diferentes, até que ela seja realmente entendida.

LIDERAR COM PROPÓSITO

EXPLICAR O PORQUÊ - As pessoas precisam entender o porquê alguma coisa foi criada, é feita ou precisará ser feita – este elemento impacta diretamente o raciocínio delas em relação a tomar decisões, buscar e encontrar, rapidamente, novas soluções. Principalmente para elas pensarem mais parecido com você, quando alguma coisa der errado ou sair diferente do esperado ou do que foi combinado - na sua ausência. E é muito importante que elas entendam qual é a parte delas no todo.

DAR A DIREÇÃO – Informar a sua visão de como deve ser cumprida a missão, alcançados o propósito ou atingidos os objetivos e metas. Especifique o caminho que espera que as pessoas sigam para atingir o propósito almejado e os seus critérios para avaliar isso, ainda que elas executem as tarefas e atividades à sua própria maneira. As pessoas esperam isso de um líder.

Utilizar a CNV – Comunicação Não Violenta [26] - Quando precisar comunicar algo delicado ou potencialmente conflitivo e quiser ter seu pedido atendido, aplique o modelo da CNV, para o tema em questão.

Resumindo a abordagem da CNV, nessa ordem:

1) Fale sobre o Fato que você viu que ocorreu;
2) Diga que Emoções este fato evoca em você e como você se sente (seus Sentimentos) a respeito deste Fato;
3) Expresse a sua Necessidade que não está sendo atendida pela outra parte em relação ao tema em questão; e
4) Faça o seu Pedido ou seja, diga diretamente o que deseja que seja atendido ou que a outra parte faça, em relação ao assunto.

Ao utilizar a CNV, não significa que este modelo sempre vai funcionar, porque também depende da outra pessoa querer atendê-lo. Mas, aumentará bastante as suas chances de êxito.

DISTRIBUIR RESPONSABILIDADES – Faça as pessoas entenderem que são corresponsáveis. Pare de centralizar. Divida e distribua as responsabilidades, com as pessoas, junto com as informações necessárias ao bom andamento do trabalho a ser feito. Deixe bem claros os papéis, atribuições, tarefas e atividades de cada um. Combine e estabeleça datas de entrega de etapas parciais e final, com pontos de checagem ao longo do caminho, em tempo hábil, para corrigir erros da curva normal de aprendizagem ou os eventuais desvios de rota. Aja como facilitador e ofereça o apoio e os recursos necessários.

DAR O EXEMPLO

Seja um modelo do que espera e demonstre os comportamentos e atitudes que quer ver nos outros. Lidere pelo exemplo. As pessoas de sua equipe e de outras áreas, que também querem ter sucesso, vão observá-lo, analisá-lo e avaliá-lo, atentamente. Mesmo sem você saber. Seus comentários e sugestões, como Líder, ainda que só questionamentos e provocações, se tornarão ordens. O seu modelo de comportamento e atitude será reproduzido, seguido e imitado, em sua presença ou ausência. E o que você valorizar ou desprezar, assim o será pelas outras pessoas, na cultura de liderança que você disseminar. Isso só aumenta a sua responsabilidade.

ACREDITAR

Demonstração de sua autoconfiança e da sua confiança nas demais pessoas.

CONFIAR

Em você mesmo e nos outros, sendo sensato. Sem ser ingênuo, nem bobo, nem manipulável.

Estabeleça e mantenha relações duradouras de confiança e colaboração.

GRADUALMENTE - com base em evidências. Apoiado em dados, fatos e demonstrações de comportamentos e atitudes observáveis ao longo do tempo. Vá conhecendo e percebendo, a cada passo, até onde pode confiar na outra pessoa.

Às vezes, as algumas pessoas são confiáveis, desde o princípio. Outras, não são. Não porque sejam irresponsáveis, de má índole ou má fé, mas porque "estão" incompetentes, enquanto ainda não desenvolveram uma determinada competência. Também pode ser despreparo.

Quanto mais a pessoa vai demonstrando que é confiável, mais você confia. Até o limite daquela pessoa. Dê a oportunidade de recuperação e aceite os sinceros pedidos de desculpas, a vontade de melhorar e os eventuais erros de uma curva de aprendizado normal. Quase todos merecem uma segunda chance. Se não, não vai dar para saber.

E, se a pessoa demonstrar não ser confiável, mesmo depois de treinada e preparada, você decide se ainda quer dar mais tempo e uma nova chance. Ou se vale a pena continuar trabalhando ou não com ela, na função ou na empresa.

As pessoas são confiáveis de maneiras diferentes, ao longo do tempo. E está tudo bem - desde que você saiba e tenha consciência dessas diferenças.

VALORES INEGOCIÁVEIS - São um outro ponto muito importante. Evite a todo o custo manter na empresa ou trabalhar com pessoas em quem já concluiu que não confia, depois de ter dado todas as chances e oportunidades de melhoria e verificado o desalinhamento dela com os valores inegociáveis – seus ou da companhia.

COMPARTILHAR

Compartilhe informações, recursos, equipe, materiais, software, hardware, equipamentos, tempo, histórias, experiências, vitórias, conquistas, reconhecimento, celebrações, generosidade... São muitas, as possibilidades.

Alguns líderes, em seus discursos, confundem as palavras dividir e compartilhar, pensando que são sinônimos. Porém, elas são intrinsecamente diferentes e transmitem mensagens quase que opostas. Tenha cuidado.

Vou dar um exemplo simples. Imagine que cada componente de uma equipe de 4 pessoas, sentadas a uma mesa, receba um desenho para colorir. E que poderão utilizar, para cumprir essa tarefa, uma caixa com 12 lápis de cor.

Se entenderem que terão que dividir os lápis, farão isso de alguma maneira, por escolha, sorteio ou qualquer outra. E cada um terá apenas 3 cores diferentes para colorir o seu desenho. Dependendo do tema, poderá ficar faltando a cor certa para colorir uma ou mais áreas do desenho.

Por outro lado, se entenderem que poderão compartilhar os lápis de cor, todas as 3 pessoas terão as 12 cores disponíveis para colorir os seus desenhos. E, provavelmente o farão mais rapidamente e de forma completa.

Então, parece a mesma coisa, mas não é. As mensagens são muito diferentes. E os resultados, também.

SER CONFIÁVEL

Seja Honesto, Ético e Íntegro, por inteiro, sempre e indubitavelmente. Estes são valores inegociáveis e pré-requisitos para quaisquer pessoas e líderes que têm sucesso consistente e sustentável, ao longo do tempo. Seja firme em relação a eles.

Seja Autêntico e Coerente. Não tenha dois pesos e duas medidas para situações semelhantes, em ocasiões ou com pessoas diferentes.

Mantenha a sua Palavra. E, sempre que for o caso, reconheça sincera e honestamente os seus erros – você vai ganhar pontos com as pessoas, mostrando o seu lado humano e as suas fragilidades ocasionais, que não tenham a ver com aqueles valores inegociáveis.

Absolutamente NUNCA se aproprie indevidamente da ideia, do resultado ou da conquista de outro alguém. Além de ser uma prática horrível e deplorável, que pode acabar com a imagem e a reputação do líder, é uma clara demonstração de desonestidade e de falta de ética e integridade.

Reconheça e compartilhe o sucesso com todos os que participaram e contribuíram para o resultado. E, acima de tudo: faça o que fala e cumpra o que promete.

FOCAR

É indiscutível o poder do foco, para concentrar as energias no que precisa ser feito, prioritariamente.

ENVOLVER E ENGAJAR

Traga para perto, envolva no planejamento e engaje na construção conjunta da melhor proposta, as pessoas da equipe, parceiros, fornecedores, prestadores de serviço, clientes, chefe, pares, etc., enfim, seus principais *stakeholders*, desde o início de uma atividade, tarefa ou projeto.

ALINHAR OS ESFORÇOS DA EQUIPE PARA A SOLUÇÃO

Pare de olhar apenas para o problema e, uma vez identificados os pontos de dificuldade, levante, identifique e aplique as devidas correções de rota e as melhorias relativas a processos, pessoas ou produtos. E olhe para frente, guiando a equipe em direção aos próximos objetivos e metas a atingir.

PRIORIZAR

Fazer o que for mais importante, primeiro – tarefas, atividades, etc.

Destine os recursos necessários para as áreas mais importantes – aquelas que mais deverão contribuir para o alcance dos resultados esperados. Evite desperdiçar recursos ou dirigir a energia de um grupo ou equipe que está envolvida em projeto importante em tarefas, atividades ou rotinas de menor importância.

Lembre-se de que é o mais importante para contribuir com o resultado ou que, potencialmente poderia cessar um grande mal – e não o mais urgente – o que tem que ser feito antes.

E que a única exceção se aplica ao que é, simultaneamente, importante e urgente.

Na dúvida, aplique o "Princípio de Pareto" ou "Regra dos 80/20", que diz que "aproximadamente 80% dos efeitos vêm de 20% das causas". Pela ordem de importância e potencial de contribuição, identifique os 20% de atividades e tarefas prioritárias que você e a sua equipe deverão executar primeiro, para atingir os 80% do sucesso ou do resultado. E, depois, os 80% das atividades que deverão complementar ou contribuir com os outros 20%.

Priorizar deve se tornar uma nova rotina para o Líder Ágil. Implica, ao mesmo tempo, focar em algumas coisas e abrir mão ou desapegar-se de outras. É um exercício diário de autoaprendizado.

Com o hábito da priorização, a tendência é que a maioria das coisas importantes acabe sendo feita de modo planejado e construído conjuntamente com quem mais impactará o resultado.

As rotinas essenciais serão executadas com o máximo de simplicidade e produtividade e, apenas ocasionalmente, coisas importantes e simultaneamente urgentes, precisem ser encaixadas na agenda.

Tome apenas o cuidado de não cair em outra armadilha, a da procrastinação - o eterno adiamento.

Então, lembre-se de considerar que tem que usar os três critérios, juntos: o que for, simultaneamente, mais importante, mais urgente e mais difícil, tem que fazer primeiro.

Assim, você ou sua equipe ficam livres mais depressa, logo da parte mais "chatinha" do trabalho.

ENTENDIMENTO X INCERTEZA

A realidade será sempre a realidade. A despeito da desconfiança, do medo e da insegurança. E o Entendimento aumenta a nossa consciência e a nossa sensibilidade e nos habilita a mostrá-la para as outras pessoas.

ENTENDIMENTO é a competência que promove a compreensão, o discernimento, a perspicácia e ilumina a interconexão entre pessoas, coisas, fatos, eventos e acontecimentos.

ENTENDIMENTO combate a INCERTEZA.

As subcompetências do ENTENDIMENTO, são: Curiosidade, Compaixão e Abertura.

LIDERANÇA VUCA©
COMPETÊNCIAS, COMPORTAMENTOS E ATITUDES DO LÍDER ÁGIL DE SUCESSO

ENTENDIMENTO
UNDERSTANDING
- Curiosidade
- Compaixão
- Abertura

Seus comportamentos e atitudes são apresentados no quadro do ENTENDIMENTO e detalhados nas páginas seguintes.

LIDERANÇA VUCA©
COMPETÊNCIAS, COMPORTAMENTOS E ATITUDES DO LÍDER ÁGIL DE SUCESSO

U

ENTENDIMENTO
Understanding

Inc**X**reza
Unce**X**ainty

CURIOSIDADE

CRIATIVIDADE
Receptividade e Atenção ao Contexto
Aumentar o Repertório
Buscar Novidades

PERGUNTAR*
• Desafiar o *status quo*
• Tirar da Zona de Conforto - A Si e aos Outros - Todos os Dias!

LÍDER COACH
• Interesse Genuíno
• Disciplina para Ensinar, *Perguntar, Facilitar, Acompanhar, Celebrar Realizações e Desenvolver Novos Líderes

COMPAIXÃO

EMPATIA COM DISPOSIÇÃO de AJUDAR
Colocar-se no Lugar do Outro e Ir Aonde as Pessoas Estão

ACOLHER E INCLUIR
Fazer se sentir parte

ESCUTAR PARA ENTENDER
• Emoções, Sentimentos
• Dificuldades
• Inseguranças, Medos
• Desejos, Necessidades

RESPEITAR, SEMPRE

RECONHECER E CELEBRAR
• Resultados, Superações, Vitórias e Conquistas!

ABERTURA

OUVIR PARA SABER
• Conhecer, Explorar, Refletir e Considerar Novos Conceitos, Ideias e Soluções

HUMILDADE
• Buscar Ajuda, Aceitar Receber FB & FF, Críticas e Sugestões, Construtivas ou Não

INVESTIR NAS PESSOAS
• Envolver, Engajar, Preparar, Treinar, Reciclar
• Servir quem Serve
• Praticar *Mindfulness*

ENTENDIMENTO

CURIOSIDADE

Manter-se atento e receptivo para a criatividade e a inovação. Perceber e valorizar o novo.

> **CRIATIVIDADE** – Use a sua inventividade, engenhosidade, inteligência e talento para criar, combinar, recombinar e inventar.
>
> Atenção ao Contexto – Perceba os movimentos do entorno e esteja atento ao contexto.
>
> Aumentar o Repertório - Busque aumentar o seu contato com novidades em todas as áreas, inclusive as que não lhe são habituais ou de sua preferência ou especialidade. Aprenda, leia livros e artigos, assista a vídeos ou ouça *audiobooks* sobre assuntos que não domina ou pelos quais não se interessaria normalmente. Faça coisas ou caminhos diferentes. Experimente novas cores, sabores e texturas. Ouse em algum item do vestuário ou acessório, ao menos uma ou duas vezes por semana. Converse com gente nova e diferente de você. Com gente mais nova e com gente mais velha, com crianças, jovens e adultos. Conheça outras pessoas, aumente suas conexões, mesmo sem um interesse dirigido - são as melhores.

PERGUNTAR – Pergunte, questione, provoque saudavelmente, estimule o pensamento.

DESAFIAR A MESMICE – sair do continuísmo e do *status quo*.

TIRAR DA ZONA DE CONFORTO - A si mesmo e aos outros, todos os dias! Aceite provocações disruptivas.

LÍDER COACH – Praticar os comportamentos e atitudes do Líder Coach. Demonstre interesse genuíno nas pessoas, suas falas e sua comunicação, verbal e não verbal. Suas histórias de vida, suas qualidades em outras áreas. Como um Coach, estimule as pessoas a enxergar sob novas perspectivas, a pensar criativa e proativamente e a encontrar as próprias soluções.

Tenha disciplina para ensinar, perguntar, acompanhar, reconhecer e celebrar as realizações e os bons resultados das pessoas de sua equipe.

Permita que elas contribuam com as suas especialidades e que aflore o que elas têm a oferecer de melhor.

DESENVOLVA NOVOS LÍDERES – Estabeleça objetivos e metas claras de crescimento e desenvolvimento, realistas e desafiadoras e conectadas uma linha de tempo, para todos os líderes de sua equipe, diretos e indiretos, na cadeia de sucessão.

COMPAIXÃO

EMPATIA COM DISPOSIÇÃO DE AJUDAR

Pratique compaixão, que vai além da empatia. Coloque-se no lugar do outro, com a firme disposição de fazer alguma coisa para ajudar.

Não espere que as pessoas venham lhe pedir ou cheguem até você. Vá onde as pessoas estão. Tanto no sentido físico, quanto no figurado.

Não é o mais lento, que tem que acelerar para alcançar o líder. Nem o mais inexperiente, que tem que elevar-se ao nível em que o líder está. Mas, sim, o líder é que tem que ir onde cada colaborador está.

Ir até lá, dar a atenção necessária, ouvir para compreender, descobrir a questão, identificar a necessidade, facilitar a solução do problema, suprir com os recursos que faltam e ajudar, no que puder e estiver ao seu alcance.

Porque esse, também é um dos papéis do líder.

ACOLHER E INCLUIR

Acolha, seja receptivo. Coloque as pessoas confortáveis. Faça com que se sintam bem-vindas e acolhidas.

FAZER AS PESSOAS SE SENTIREM PARTE - Da empresa, da equipe, de um projeto. Faça-as entender que existe um algo de que elas estão participando, de um ideal maior do que elas mesmas.

Inclua as pessoas. Nos projetos, nos grupos, nas comunicações. Sentir-se excluído gera sentimentos de isolamento, medo, insegurança, menos valia, mágoa, raiva, vingança. E pode, até, incitar à agressividade, ao ódio e à violência.

A inclusão, desde o princípio, gera participação, valorização, discussão saudável de ideias diferentes. Inovação e propostas de soluções, com o melhor aproveitamento possível da Diversidade e da sinergia, entre as pessoas.

Quanto mais gente incluída e engajada, maior a divisão de responsabilidades, menor o esforço de cada uma e maior chance de multiplicarem-se os bons resultados.

ESCUTAR PARA ENTENDER - E não, para responder!

Evite a arrogância e tenha paciência para deixar o outro concluir o raciocínio, ouvindo atentamente até o fim, sem interromper e sem se distrair com os seus pensamentos ou "ruídos internos".

Observe e perceba as linguagens verbal e não verbal de seu interlocutor. As emoções e sentimentos. As dificuldades, inseguranças e medos. Os desejos e as necessidades das pessoas.

RESPEITAR, SEMPRE - Demonstre este comportamento e esta atitude de respeito, diariamente. Mesmo não concordando com a outra pessoa. Não importa quem seja, de dentro ou de fora da companhia.

RECONHECER E CELEBRAR - Identifique o bom trabalho realizado e o reconheça. Em público, para que as outras pessoas saibam o que o Líder valoriza como positivo. E reforce o reconhecimento em particular, para que a pessoa reconhecida tenha a oportunidade de compartilhar os seus sentimentos e emoções com o Líder. Celebre as superações, vitórias e conquistas de todos e de cada um. Mesmo as pequenas. E cada novo passo de genuíno crescimento ou desenvolvimento de alguém.

ABERTURA

OUVIR PARA SABER

Procure conhecer mais, explorar, refletir e considerar os fatos, os eventos e o que dizem as outras pessoas.

Aprenda sobre novos conceitos, definições, pontos de vista, ideias, experiências, possiblidades, alternativas e soluções.

Em uma conversa, enquanto fala, você não está aprendendo nada.

Você só tem a chance de aprender algo novo, quando para para ouvir o que as outras pessoas estão dizendo.

HUMILDADE

Aceite receber críticas e sugestões, construtivas ou não. Todas trazem alguma mensagem importante para você.

BUSCAR E ACEITAR – e não esperar - receber *feedback* e *feedforward*.

Receba e ofereça *feedback*, esclarecendo cada ponto importante e pedindo ou fazendo menção a exemplos, fatos, comportamentos e atitudes.

E ofereça *feedforward*, dando sugestões para o futuro, dali para frente. Verifique o entendimento e pergunte ao seu interlocutor como ele entendeu o que você disse, nas palavras dele, e como lhe será útil. O que poderá ser feito com suas ideias e como elas poderão ser melhor aproveitadas.

BUSCAR AJUDA - Dos mais jovens: conhecimento sobre inovações, tecnologia, ciências, medicina, criatividade... O frescor da visão. Dos maduros: experiência, visão, mentoria, coaching, agilidade na análise de possibilidades, saber lidar com e resolver situações difíceis, tomada de decisões. Dos mais velhos: sabedoria, ainda mais experiência e lições de vida.

INVESTIR NAS PESSOAS

ENVOLVA, ENGAJE, PREPARE, TREINE E RECICLE - Este é o ciclo completo de aprendizado e reforço para adultos. Permitam que participem, que opinem, que tenham a experiência, que pratiquem, que não fiquem só na teoria. Incentive colocar em ação qualquer novo aprendizado, com a maior rapidez possível.

SERVIR QUEM SERVE – Pergunte a si mesmo e às outras pessoas o que você poderia fazer por elas e de que novas maneiras poderia ajudá-las a ter uma vida, um desempenho ou uma performance melhor. Identifique *gaps ou lacunas* e ofereça apoio, ajuda e novas oportunidades de aprendizado, crescimento e desenvolvimento. Não se restrinja apenas a assuntos do trabalho. Amplie as suas possibilidades de impacto positivo na vida das pessoas, sempre que possível, sem ser invasivo.

Para fazer comentários ou dar *feedback* e sugestões, peça sempre a autorização do seu interlocutor.

E aguarde pacientemente receber uma resposta positiva, antes de prosseguir.

Caso contrário, contenha-se e guarde respeitosamente a informação para si.

PRATICAR *MINDFULNESS* – A Meditação da Atenção Plena.

Aprenda mais sobre esta prática e esteja presente em cada gesto, cada olhar, cada palavra dita ou não dita, cada movimento ou atitude, a cada segundo. Isto aumenta as suas oportunidades de experienciar a satisfação do estado de *flow* ou fluxo.

Em tradução livre: "... Fluxo é um estado ideal de motivação intrínseca, em que a pessoa está totalmente imersa no que está fazendo... Um sentimento que todos sentem, às vezes, caracterizado por um sentimento de grande liberdade, prazer, realização e habilidade - e durante o qual as preocupações temporais (tempo, comida, ego, si mesmo, etc.) são tipicamente ignoradas". [27]

Esteja consciente (de cabeça, corpo e coração ou mente, físico e emoções) de si próprio e das coisas e pessoas que estiverem ao seu redor ou em interlocução com você, o tempo todo.

CLAREZA X COMPLEXIDADE

A CLAREZA nos faz entender que fazemos parte de uma extensa cadeia entrelaçada de eventos e que, como líderes, impactamos, direta ou indiretamente, muito mais existências do que enxergamos ou conseguimos imaginar.

CLAREZA é a competência da nitidez, da objetividade e da essência, da antecipação da realidade e da perspectiva, da análise e do equilíbrio, da precisão sem preciosismo e da descomplicação.

CLAREZA combate a COMPLEXIDADE.

As subcompetências da CLAREZA são: simplificar, Intuir e Pensar Sistemicamente.

LIDERANÇA VUCA©
COMPETÊNCIAS, COMPORTAMENTOS E ATITUDES DO LÍDER ÁGIL DE SUCESSO

CLAREZA
CLARITY

- Simplificar
- Intuir
- Pensar Sistemicamente

Seus comportamentos e atitudes são apresentados no quadro da CLAREZA e detalhados nas páginas seguintes.

LIDERANÇA VUCA©
COMPETÊNCIAS, COMPORTAMENTOS E ATITUDES DO LÍDER ÁGIL DE SUCESSO

C
CLAREZA
Clarity

SIMPLIFICAR

FACILITAR
- Descomplicar
- Concentrar-se no Essencial

Ser DIRETO e TRANSPARENTE
- Sem ser Rude, nem "Sincericida"
- Pedir Autorização

Cortar, ELIMINAR
- "Gorduras"
- Excessos
- Procedimentos Desnecessários

INTUIR

ANTECIPAR
Usar a sua Sabedoria Interior
- Abstrair, Prever, Prevenir, Planejar
  - Imaginar
  - Identificar Alternativas e Possibilidades
- Atentar às Sensações
  - 5 Sentidos
  - Instintos

Ser Positivo, Otimista e REALISTA

PENSAR SISTEMICAMENTE

Enxergar em PERSPECTIVA
- Abrangente e Holística, Como um Todo

Abordar e ANALISAR Problemas e Oportunidades
- Relações Causa/Consequência
- Implicações, Interações, INTERDEPENDÊNCIAS
- IMPACTOS, EFEITOS e RESULTADOS
- Curto, Médio e Longo Prazo

EQUILÍBRIO
Estabilidade Emocional, Física, Mental

CLAREZA

SIMPLIFICAR

FACILITAR

Facilite, descomplique, concentre-se no essencial.

Esclareça, enfatize ou reforce os pontos principais ou o que é mais importante. E explique ou mostre o que não é. Forneça o apoio e os recursos necessários.

Pergunte como poderá ajudar, do que as pessoas ainda dependem, de você ou da sua ajuda, como Líder, para checar ao resultado desejado de maneira mais fácil.

SER DIRETO E TRANSPARENTE

Não enrole, não fantasie, nem confunda as pessoas. Vá direto ao ponto e dê o recado. E mantenha um clima de positividade, leveza e bom humor.

SEM SER RUDE, NEM GROSSEIRO, NEM *SINCERICIDA* - Aquele que mata qualquer possibilidade de um bom relacionamento com a outra pessoa.

PEÇA SEMPRE AUTORIZAÇÃO – e aguarde pacientemente e em silêncio uma resposta positiva, antes de prosseguir – para fazer algum comentário delicado, dar *feedback* (sobre algo positivo ou negativo cujos indicadores de resultado tenham sido, necessariamente, previamente combinados) ou para fazer algum comentário, falar sobre uma recomendação ou dar alguma sugestão de melhoria.

CORTAR, ELIMINAR

Corte, reduza ou elimine as "gorduras", os excessos e os procedimentos lentos, antigos ou desnecessários.

Desapegue-se do excesso de controles e livre-se de relatórios, que só fazem as pessoas perderem tempo e foco, que não tem mais utilidade e não são analisados por ninguém.

Apegue-se aos principais indicadores de resultados de sua área, empresa ou negócio, que devem ser acompanhados de perto (lembre-se de Pareto) e que, geralmente, podem ser agrupados e apresentados em uma folha só.

INTUIR

Associe a sua imaginação criativa aos seus sentidos.

ANTECIPAR

Use a sua sabedoria interior e coloque-a a seu serviço. Antecipe-se aos acontecimentos, acompanhando dados, fatos e informações e valorizando suas próprias percepções e interpretações subjetivas dos sinais e dos acontecimentos.

ABSTRAIR, PREVER, PREVENIR, PLANEJAR - Identificar novas alternativas e possibilidades Reserve, periodicamente, um tempo "ocioso" em sua agenda para pensar sobre o futuro, imaginar novas possibilidade e alternativas, estudar cenários, ampliar a visão.

ATENTE ÀS SENSAÇÕES - Aos ricos sinais, impressões e percepções que chegam a você pelos seus 5 Sentidos: visão, audição, tato, olfato e paladar.

E também pelos seus Instintos. Valorize-os, calibre-os, com o tempo, com base em uma análise de erros e acertos, e aprenda a utilizá-los melhor. Se você sente que alguma coisa está esquisita, sem outra evidência racional, pode ser que haja algo de errado mesmo, acontecendo. É bom verificar novamente, aprofundar a pesquisa, consultar outras pessoas, ter cautela, observar mais atentamente ou aguardar. E, analogamente, se estiver sem outra indicação objetiva, mas sentir uma sensação positiva, de que, por exemplo, que uma oportunidade vale a pena ou que você está no caminho certo, pode ser que seja por ele mesmo que as coisas vão fluir e funcionar.

É uma habilidade que demanda treino, para ser melhor aproveitada. De vez em quando, também nos enganamos. Paciência... Precisamos ficar mais atentos aos sinais.

SER POSITIVO, OTIMISTA E REALISTA

Não seja Polyana (que não enxerga o problema), nem Pessimista (que enxerga o problema, mas não vê nenhuma solução).

Seja Positivo, buscando ver o que há de bom, e Otimista, entendendo que, se buscar, vai encontrar alternativas e possibilidade que não havia percebido antes. E também REALISTA - Enxergue os eventuais problemas e, também, as possíveis soluções e implicações e o que mais estiver ao seu alcance. E ainda, se não conseguir enxergar tudo sozinho, tudo bem. Peça a ajuda de outras pessoas.

PENSAR SISTEMICAMENTE

Nas partes independentes, nas relações entre as partes e no que elas representam entre si e em relação ao todo, na figura completa que forma o grande quebra-cabeça, movimentando-se ao longo do tempo.

ENXERGAR EM PERSPECTIVA

Veja de uma forma abrangente e holística, as partes e o conjunto, como um todo. Distancie-se e se reaproxime. Veja de outras posições, de outros ângulos e sob outros pontos de vista. Valorize as visões das outras pessoas.

ABORDAR E ANALISAR OS PROBLEMAS E OPORTUNIDADES

Sob novos Paradigmas - nem todas as oportunidades são boas e devem ser aproveitadas. Nem todos os problemas são tão graves ou ruins, que devam ser evitados. Melhor enfrenta-los e resolvê-los logo, de uma vez.

Observe e compreenda as relações causa-consequência e as implicações. As interações e interdependências entre os acontecimentos e intercorrências.

Analise os impactos e os efeitos para você, os resultados e os envolvidos, os negócios, os clientes e a companhia - sempre a curto, médio e longo prazo.

EQUILÍBRIO

Por último, mas não menos importante, vem a estabilidade Emocional, Física e Mental.

O Líder Ágil deve sempre buscar manter um adequado balanço entre o tempo dedicado às atividades pessoais e profissionais e à realização, em direção ao seu próprio propósito de trabalho e de vida.

Vez por outra, existem picos de trabalho ou de ociosidade, isso faz parte dos ciclos sazonais, e está tudo bem.

Porém, já se foi o tempo em que as pessoas literalmente "se matavam" em suas profissões, por causa de suas empresas ou de líderes que exigiam isso e modelavam maus exemplos a seus colaboradores.

Hoje, devemos buscar ter uma relação equilibrada de TROCA, entre o que oferecemos e o que recebemos. Entre a nossa saúde (física, mental, emocional e espiritual), a recompensa que almejamos alcançar e em como distribuímos a nossa energia, ao longo do tempo de cada dia de nossas vidas.

Assim, poderemos olhar para trás com um sorriso de satisfação, pela missão cumprida.

E para frente, após cada realização alcançada, com alegria, disposição, entusiasmo e energia, em direção à próxima etapa, meta ou novo objetivo.

E, como líderes, devemos compreender que nos tornamos modelos e referências para as pessoas que nos conhecem, convivem conosco. E que vão, consciente ou inconscientemente, fazer algo parecido com as vidas delas.

E isso só aumenta a nossa responsabilidade. Conosco mesmos, com nossas famílias, com essas outras pessoas e as suas famílias. Além de tantas outras vidas, que impactamos, indiretamente.

AGILIDADE X AMBIGUIDADE

A Agilidade é o que nos energiza e nos impulsiona ao sucesso, para repensar, reinventar, otimizar e tocar em frente para recomeçar, a cada novo ciclo, ainda mais entusiasmados.

AGILIDADE é a competência que está relacionada a mudar e a movimentar-se, rápida e facilmente, em direção à inovação e aos resultados, objetivos e metas.

AGILIDADE combate a AMBIGUIDADE.

As subcompetências da AGILIDADE, são: Decidir, Inovar e "Empoderar".

LIDERANÇA VUCA©
COMPETÊNCIAS, COMPORTAMENTOS E ATITUDES DO LÍDER ÁGIL DE SUCESSO

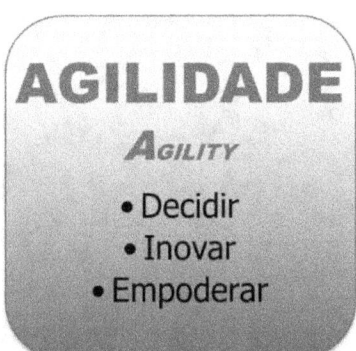

Seus comportamentos e atitudes são apresentados no quadro da AGILIDADE e detalhados nas páginas seguintes.

LIDERANÇA VUCA©
COMPETÊNCIAS, COMPORTAMENTOS E ATITUDES DO LÍDER ÁGIL DE SUCESSO

AGILIDADE
Agility

AmbX**iguidade**
*Am*X*biguity*

DECIDIR

ADAPTAR-SE
Rapidamente
- Parar de Resistir
- Parar de Reclamar
- Abraçar e LIDERAR as MUDANÇAS

ESTRATEGIAR
- Adaptar e Reajustar Direção, Planos e Táticas, para ENTREGAR VALOR

TOMAR AS DECISÕES
- Parar de Adiar
- Sair de "Cima do Muro"
- + Confiante
- Baseado em Evidências Razoáveis

INOVAR
OU PERECER...

CRIAR e INOVAR
- Identificar REAIS OPORTUNIDADES
- Criar Novos Produtos, Serviços e Processos
- Úteis, Viáveis e que RESOLVAM PROBLEMAS

APRENDER, ITERAR
com os Erros e com os Acertos, "Errar Rápido", e ATUALIZAR-SE

OTIMIZAR
- EXPERIÊNCIAS
- PROCESSOS, MÉTRICAS
- PRODUTOS, SERVIÇOS
- RECURSOS...
- LIDERANÇA REMOTA

EMPODERAR

VALORIZAR a IE
+ RELACIONAMENTO
+ REDES
− Hierarquia
+ CONTRIBUIÇÃO
+ COLABORAÇÃO
− Controle

Dar AUTONOMIA
para a EXECUÇÃO
Pessoas LIVRES para
- PROPOR e DISCUTIR SOLUÇÕES
- EXECUTAR do seu Jeito
- FAZER o seu MELHOR

DIVERSIDADE
- Reconhecer
- ACEITAR
- APROVEITAR

AGILIDADE

DECIDIR

De forma consciente e da melhor maneira possível, considerando as informações disponíveis e o cenário mais provável, neste momento.

ADAPTAR-SE RAPIDAMENTE

Adapte-se, com rapidez, às novidades.

PARAR DE RESISTIR – E de gastar tempo, esforço e energia para manter o que tem que mudar. O que tiver que ser modificado, vai ser. O que mais tiver que acontecer, também. Inicie logo a mudança.

PARAR DE RECLAMAR - Dê um basta aos melindres e ao "mimimi". Poucas coisas significam tanto desperdício de tempo, recursos e energia, quanto um estado de insatisfação ou reclamação permanente. Afora que é muito desagradável ter, por perto, alguém sisudo e que só faz reclamar.

ABRAÇAR E LIDERAR AS MUDANÇAS - Aceite, abrace e lidere as mudanças. Tome a frente, inicie e conclua o processo rápido e comece logo a desfrutar os benefícios da próxima fase.

ESTRATEGIAR

Adaptar e reajustar a direção, planos e táticas, para ENTREGAR VALOR.

Orientação para o futuro, para realizar as ações que impactarão o alcance de objetivos chave e as metas de curto, médio e longo prazo.

TOMAR AS DECISÕES

Adotar uma postura proativa e preparar-se para tomar as decisões necessárias.

PARAR DE ADIAR - E saia de "cima do muro".

Dispense o estresse e qualquer situação que eleve o seu cortisol. Essa pressão provocada pela pendência do adiamento em tomar a decisão, pode parecer um alívio, no curto prazo. Mas, logo, começará a causar implicações maléficos à saúde – sua e de sua equipe.

O estresse provoca o "efeito túnel" e reduz a sua visão e a sua audição. Então, convém utilizar esta dica como um "antídoto" eficaz.

> Concentre-se em sua respiração e no ar que entra e sai dos seus pulmões, pelo nariz. Respire fundo, inspirando e expirando lentamente, em 10 tempos, por apenas três vezes seguidas.

Se precisar, repita o procedimento.

É fisiológico, rápido e funciona.

A nossa visão se amplia quase que imediatamente e começamos a enxergar novas possibilidades e alternativas.

Com o hábito, como que magicamente, ficará mais fácil lidar com as situações difíceis ou resolver qualquer problema. Experimente!

SINTA-SE MAIS CONFIANTE - Para tomar as melhores decisões, baseie-se, em evidências razoáveis – que é como os líderes mais sensatos e bem-sucedidos fazem.

Dispense a perda de tempo e recursos com os exageros em pesquisas e coleta absurda e desgastante de dados e informações.

Peça ajuda. Consulte os especialistas disponíveis, faça rapidamente as pesquisas necessárias e cerque-se de pessoas que saibam mais do que você sobre o assunto. E tome, rápida e conscientemente, a melhor decisão possível... E pare de "sofrer"!

INOVAR - OU PERECER...

Não espere que o seu concorrente lance um novo produto ou serviço, que tornará o seu obsoleto. Faça isso, antes dele, você mesmo!

CRIAR E INOVAR

Adquira o hábito de inovar, criar, identificar e avaliar novas oportunidades.

Esteja atento ao que é divulgado ao redor do mundo. Com o poder da internet, você tem acesso a descobertas e inovações do mundo inteiro, em instantes. Inscreva-se, por exemplo, em websites, listas on-line e redes sociais, para receber informações fresquinhas dos maiores inovadores e divulgadores de evoluções em medicina, educação, ciência e tecnologia, em qualquer área que preferir. Como Peter Diamandids, da Singularity University, ou Elon Musk, da Tesla e Space-X, Neuralink e Solarcity, entre outras iniciativas.

Crie e teste rapidamente novos negócios, produtos ou serviços úteis, viáveis, sustentáveis. E que tenham o potencial para resolver os problemas de muitas pessoas, empresas ou negócios, para ser escalável.

APRENDER, ITERAR E ATUALIZAR-SE

Aprenda e ITERE a si próprio. Atualize-se continuamente sobre ciência, tecnologia e modernidades, em geral. Desenvolva-se e coloque as inovações em prática. Na empresa, na liderança e na vida.

"Erre rápido", aprenda com os seus erros e acertos, e evolua mais rápido ainda.

Na era do quase tudo *lean* (ou enxuto) e do conceito da *lean startup* [28], você não precisa, não deve e não pode se dar ao luxo de esperar até a conclusão de um projeto detalhado ou até a fabricação final de um produto, para testá-lo e descobrir se "errou" em alguma coisa. E que ele poderia ter sido melhorado ou que deveria ter sido objeto de mudanças antes do lançamento e da efetiva e ampla comercialização. Nem para testar a viabilidade econômica de uma ideia, produto, serviço ou negócio.

Basta construir e testar um MVP – *Minimum Viable Product* ou Produto Minimamente Viável, para identificar as necessidades de otimizações e implementá-las em tempo recorde. Ou usar o BMC – *Business Model Canvas* ou Quadro do Modelo de Negócio[29], para analisar e promover uma virada ou uma "pivotagem" no atual modelo de negócio de sua empresa.

Analogamente, no exercício da liderança, você pode fazer o mesmo tipo de análise e uma "pivotagem" com os seus comportamentos e atitudes: se os está colocando em prática e eles estão dando certo e fazendo você obter os resultados que esperava, continue agindo da mesma maneira.

E, se eles estiverem atrapalhando ou distanciando você de seus objetivos e metas, não espere mais nem um minuto: mude, tente um novo comportamento ou atitude e observe os resultados, e, se precisar, mais outro, e outro ainda, até funcionar.

Resumindo, "pivote" (mude para algo diferente) e teste rapidamente esses novos comportamentos e atitudes, em sequência, até encontrar um que dê certo. E mude novamente, sempre que precisar. Só não vale voltar ao comportamento ou à atitude anterior, que você já sabe que não deu certo e que não vai levar a um melhor resultado.

Faça-se a "Pergunta de 1 Milhão de Dólares": *"- O que eu estou fazendo ou pretendo fazer, me ajuda ou me atrapalha, me aproxima ou me afasta de meus objetivos e metas?"*

OTIMIZAR

Experiências, processos, métricas, produtos, serviços e recursos – o tempo todo.

Como Líder, envolva e engaje as pessoas e busque encontrar maneiras novas, jeitos e meios diferentes de fazer as coisas, de modos mais eficientes (fazer certo a coisa) e eficazes (fazer a coisa certa).

Por exemplo, melhor, mais fácil ou mais rápido, com menor custo e igual qualidade ou com maior qualidade e mantendo o custo, mais sustentável economicamente ou ecologicamente mais amigável.

Está em alta, pode dar mais lucro e ainda faz bem ao planeta.

LIDERANÇA REMOTA - Domine seus conceitos e princípios. Aprenda como atuar como líder virtual. Reserve espaços na agenda para manter contato com superiores, pares e equipe, periodicamente.

Peça apoio do pessoal de TI para as configurações necessárias e discipline-se para aprender a usar, ao máximo, dos recursos eletrônicos e da tecnologia da informação. Sempre que possível, fale com as pessoas ao telefone ou utilize algum meio de comunicação que transmita imagem também, além da voz.

E, quando puder, planeje encontrar-se pessoalmente, de vez em quando, em grupo ou individualmente com os membros de sua equipe e as outras pessoas com quem se relaciona no dia a dia.

Prepare-se para flexibilizar seus horários para o fuso de outras regiões ou países, sempre compensando a sua carga horária, para não se desgastar e para dar o bom exemplo para as outras pessoas de sua equipe.

Reserve tempo para os e-mails, comunicados, envio de documentos e instruções sobre procedimentos ou registro de atas, pautas e reuniões. Coloque-se à disposição para conversar face-a-face com as pessoas e facilite o acesso delas a você de alguma maneira, pelo meio de comunicação preferido entre vocês.

Responda rápido às mensagens, nem que seja para dizer que, mais tarde ou em outro momento mais apropriado, você complementará a sua resposta.

Estabeleça uma base tecnológica que facilite os trabalhos em colaboração virtual e convide as pessoas a participar e a colaborar, mesmo estando distantes. Estabeleça grupos de trabalho e incentive as interações com corresponsabilidade.

Peça frequentemente opiniões, ideias e propostas de solução. E mantenha reforços positivos, reconhecendo quem faz contribuições excepcionais e obtém resultados ou se esforça acima da média, individual ou coletivamente, em equipe.

EMPODERAR

Embora possa parecer contraditório, quanto mais você distribui e compartilha o poder com as outras pessoas, mais poder você tem. [18]

VALORIZAR A INTELIGÊNCIA EMOCIONAL (IE)

Hoje, mais do que nunca, para ter sucesso em qualquer iniciativa e como Líder Ágil, faz-se necessário dominar os aspectos da Inteligência Emocional [34]: ter empatia, conhecer melhor a si mesmo e saber gerenciar-se, conhecer melhor as outras pessoas e saber gerenciar o seu relacionamento com elas.

Dê mais valor aos RELACIONAMENTOS, às redes, às opiniões e impressões dos grupos e das comunidades, e menos valor a hierarquia formal. Valorize mais a colaboração e a contribuição, tanto individual, quanto em grupo e equipe, e menos as obrigações, a burocracia e os controles rígidos e inflexíveis.

AUTONOMIA

Alinhe expectativas de indicadores de sucesso e resultados. E dê autonomia a seus colaboradores, para a execução.

Deixe as pessoas livres para propor e discutir as melhores soluções. E deixe-as executar o trabalho do jeito delas, para fazer o seu melhor.

Se foi feito um bom trabalho de recrutamento e seleção, os seus funcionários devem saber mais do que você sobre as especialidades deles e vão ficar felizes em participar e poder ajudar, ao invés de só receberem listas de tarefas e ordens para cumprir.

Lembre-se: você não tem que ter todas as respostas. Aposte nisso, livre-se desta carga e remaneje o tempo que sobrará, em sua agenda, para atividades mais estratégicas.

DIVERSIDADE

Aprenda a lidar melhor com ela. A RECONHECER, ACEITAR, VALORIZAR e APROVEITAR as diferenças entre as pessoas.

E a conviver bem com todos os tipos de diferenças, de cultura, idade, sexo, raça, etnia, cor da pele, dos olhos e dos cabelos, religião, geração, orientação sexual, formação, educação, conhecimento, capacidade, posição econômica ou social, visão política, nível hierárquico, mentalidade, raciocínio e origem... Entre muitas outras.

Porque, afinal, TODAS as pessoas são diferentes e únicas. Até gêmeos idênticos, têm diferenças. E porque as pessoas diversas enriquecem a discussão, aumentam a sinergia e têm muito valor a agregar, com as suas diferentes visões de mundo.

Crie um ambiente amigável à diversidade, favoreça a expressão das pessoas e beneficie-se das vantagens de ter uma equipe, clientes ou parceiros de negócios diferentes.

Isso pode representar um desafio inicial e levar um pouco mais de tempo para se chegar a um consenso, por exemplo. Mas depois, em compensação, as soluções obtidas serão muito

mais ricas, completas, abrangentes e sinérgicas.
Experimente!

Capítulo 6 - Especial
PROTAGONISMO, LIDERANÇA VUCA FEMININA© E AUTODIAGNÓSTICO

Este capítulo foi escrito com um carinho especial. Para homens e mulheres, porque serve para todos. Mas, principalmente, para elas.

Com a preocupação de despertar o interesse, estimular a reflexão e fazer provocações bem-intencionadas, para tirar os nossos velhos hábitos femininos de sua zona de conforto.

O assunto demandaria um outro livro inteiro. Mas, preferi concentrar-me na proposta de oferecer uma ferramenta prática e deixar com as leitoras e os leitores, o maior aprofundamento em seus subtemas, por outros meios.

Chegou a hora e a vez do PROTAGONISMO feminino.

Para ajudar as mulheres Líderes, de si mesmas, de suas famílias, negócios e organizações, no ambiente VUCA.

Característica do Líder Ágil de hoje, é competência que merece destaque fundamental, para o sucesso da LIDERANÇA VUCA FEMININA.

A impressão é que, para os homens, por vários motivos, o protagonismo masculino é sempre incentivado e quase que intrínseco. Desenvolvido desde pequeno e ao longo da vida do homem é incorporado aos seus costumes, comportamentos e atitudes naturais, inclusive na liderança.

Porém, parece que o protagonismo feminino ainda precisa ser melhor desenvolvido.

Uma honrosa parte das mulheres já está engajada no Protagonismo feminino, percebendo as vantagens e colhendo os seus frutos - o que é muito positivo.

E, a outra parte, poderá conhecê-lo melhor, ter ideias e *insights* sobre como aplicá-lo e aproveitar para se beneficiar dele, partir de agora.

Se você, que está lendo este livro, é mulher, conhece bem o universo feminino e está familiarizada com a nossa poli-jornada diária, nos mais diversos papéis, que desempenha ao mesmo tempo.

Esposa, namorada, "amante", companheira, parceira, amiga, mãe (se o Universo assim a privilegiou), filha, irmã, tia, sobrinha, prima, avó, neta, estudante, professora, profissional, colega, líder, colaboradora, chefe, subordinada, empreendedora (quase toda mulher tem esse potencial, inato) e tudo o mais... Ufa!

E você entende que, para nós, o esforço para obter o devido reconhecimento, tratamento adequado e equiparação de oportunidades profissionais, está só no começo e ainda tem que continuar.

Digo **equiparação**, no sentido de **atribuição do mesmo valor**.

E não de igualdade, porque sei que homens e mulheres são e sempre serão intrinsecamente diferentes - biológica e emocionalmente, no mínimo.

Nosso corpo e os nossos hormônios são realmente implacáveis e indefectíveis, neste sentido!

E você sabe, instintivamente, que têm que ter as suas diferenças reconhecidas, aceitas e respeitadas, ainda que os seus direitos permaneçam basicamente iguais aos dos homens, perante lei, como deve ser.

E se você, que está lendo este livro, é um homem, aconselho-o fortemente a conhecer melhor e a se aproximar um pouco mais do universo feminino, o quanto antes. Sem reservas, nem preconceitos.

Com abertura, afeto e curiosidade genuína - aquela de observar, ouvir e escutar, procurando entender. E passar a praticar, imediatamente, um pouco mais de empatia e compaixão por essas bravas, determinadas e incansáveis lutadoras.

Os presentes que você poderá ganhar, serão: uma compreensão mais ampliada sobre os desafios da mulher atual, no mercado de trabalho e em geral, e a possibilidade de um melhor relacionamento, daqui para frente, com as mulheres mais importantes da sua vida, seja em casa, entre os amigos ou no ambiente profissional.

Para se ter uma ideia do tipo e do tamanho dos desafios profissionais que as mulheres têm que superar, além da remuneração mais de 30% inferior à do homem, um recente estudo [33] sobre "Mulheres no Ambiente de Trabalho", mostra que, embora elas representem em torno de 50% da força de trabalho, ainda ocupam apenas 38% dos cargos gerenciais, versus os 62% ocupados pelos homens.

Reporta, ainda, que as mulheres (entre 16 e 36%) sofrem frequentes "micro agressões" no trabalho, em percentuais significativamente mais altos do que os dos homens (entre 10 e 27%), em relação a:

- ter seu julgamento questionado, em sua área de especialidade,
- precisar fornecer mais evidências de sua competência do que os homens,
- ser abordada de maneira menos profissional,
- ser confundida com alguém de um nível profissional muito mais baixo,
- muitas vezes, ter suas contribuições de trabalho ignoradas, e

- ouvir comentários humilhantes, sobre si mesmas ou sobre pessoas como elas.

Tudo isso, indica que algo afirmativo precisa ser feito a respeito. E com urgência.

IDENTIFICAÇÃO DOS DESAFIOS, EFEITOS E CONSEQUÊNCIAS DO MUNDO VUCA E O PROTAGONISMO – AUTODIAGNÓSTICO

O contexto do mundo VUCA traz, para as mulheres, desafios e potenciais consequências e efeitos negativos adicionais, aos mencionados para a LIDERANÇA VUCA, em geral.

Então, é melhor ficar atenta e saber reconhecê-los logo, para escolher sair dos comportamentos e atitudes habituais e automáticos, gerados pela reatividade e pelos condicionamentos impostos pela sociedade em que vivemos, e atuar proativamente.

Você poderá verificar rapidamente, se já está tendo que enfrentar esses desafios ou vivenciando os efeitos potencialmente negativos do Mundo VUCA para as mulheres e tomar as devidas providências para neutralizá-los.

Leia as afirmações a seguir, relacionadas a cada desafio, reflita e marque, sincera e honestamente, aquelas situações com as quais você se defronta no dia a dia, voluntária ou involuntariamente, em seu atual momento de vida, trabalho ou liderança.

Elas vão lhe dar as indicações das áreas prioritárias e que exigirão mais de sua atenção, na aplicação do novo Estilo de LIDERANÇA VUCA FEMININA, para aumentar as suas chances de sucesso.

DESAFIO DO CONFORMISMO: PASSIVIDADE

A PASSIVIDADE pode ser causada por:

☐ Dificuldade de lidar com a poli-jornada ou com a multiplicidade dos papéis femininos, em cada etapa da vida, do desenvolvimento ou da carreira da mulher

☐ Dificuldade de lidar com a quantidade ou o excesso de atribuições, responsabilidades e tarefas, da vida cotidiana, além das do trabalho (se estiver trabalhando).

☐ Dificuldade em lidar com os avanços da tecnologia, da comunicação e da conectividade, demandando atenção 24 horas por dia, 7 dias por semana.

☐ Sensação de sobrecarga de mensagens e informações sendo recebidas, com multiplicidade de fontes e conteúdos, como: trabalho, vídeos, filmes, oferta de produtos e serviços, etc., via *smartphone*, *tablet*, *notebook* ou computador.

☐ Micro agressões, relacionamento conflituoso ou estressante com um líder ou pessoas difíceis, exigentes demais, incompreensivas, aceleradas, nervosas, irritadas, impacientes, inseguras, insensatas ou desrespeitosas, no trabalho ou fora dele.

☐ Problemas ou dificuldades no relacionamento com chefe, superior, par, colaborador, colega de trabalho, etc.

☐ Relacionamento frequente com um líder ou pessoas que não aceitam, não entendem ou não compreendem o valor da diversidade (de culturas, pensamentos, opiniões, ideias, expressões, raças, credos, cor da pele, sexo, origem, etnia, religião, classe social, etc.).

☐ Sentimento de falta de preparo, treinamento, capacidade, competência ou poder para resolver, lidar com ou sair de situações problemáticas, complexas ou entrelaçadas.

☐ Estar lidando com problemas ou dificuldades financeiras de qualquer natureza, por uma sucessão de períodos curtos ou por um período prolongado.

☐ Ter que enfrentar problemas ou dificuldades no relacionamento íntimo ou com filhos, pais, irmãos, parentes ou amigos, por um longo período de tempo.

☐ Dificuldade em lidar, enfrentar e resolver conflitos, em geral.

- [ ] Falta de disposição, tempo ou oportunidade para análise de riscos, benefícios (ou malefícios) e identificação de pontos de mudança ou melhoria para situações desagradáveis ou ameaçadoras.

- [ ] Falta de energia ou disposição para decidir, dedicar-se ou investir na mudança para melhor, de seus próprios comportamentos ou atitudes.

- [ ] Preguiça, conformismo ou acomodação, em maior ou menor grau, sob as suas mais variadas formas.

E algumas possíveis consequências da PASSIVIDADE, para a mulher, entre outras, são:

- [ ] Sentimento de insatisfação - permanente, na maior parte do tempo ou indo e voltando com frequência.

- [ ] Cansaço ou sensação de esgotamento - físico, mental ou emocional - se estendendo por um período prolongado de tempo, podendo ser acompanhado de problemas de saúde ou não.

- [ ] Falta de férias, sono ou oportunidades de descanso, repouso ou relaxamento adequados.

- [ ] Falta de tempo periodicamente reservado especialmente para cuidar de si mesma, de sua saúde, aparência ou bem-estar.

☐ Falta de tempo para dedicar-se ao seu principal relacionamento íntimo ou amoroso.

☐ Sensação de incapacidade de acompanhar a alta velocidade, a incerteza, a complexidade e a ambiguidade dos acontecimentos do dia a dia.

☐ Surpreende-se, às vezes, com pensamentos, falas, comportamentos ou atitudes que indicam um viés inconsciente, em favor do machismo.

☐ Desequilíbrio (às vezes, acompanhado de sentimento de culpa) entre tempo dedicado à vida profissional e ao trabalho e o tempo dedicado à vida pessoal, lazer, tempo livre e cultivo de relacionamentos mais importantes (inclusive - mas não se restringindo – aos com filhos).

☐ Sentimentos frequentes ou duradouros de angústia, ansiedade, preocupação ou intranquilidade.

☐ Sentimento de frustração crescente, por não estar atingindo o seu potencial, nem estar caminhando mais rapidamente em direção ao que ainda sonha realizar ou aos seus objetivos e metas.

☐ Acomodação, conformismo, passividade e sensação de impotência, frustração, raiva, revolta, irritabilidade, tristeza ou insatisfação - acumulada, guardada e aumentando dentro de si, em relação a situações que acredita serem "insolúveis" ou não poder mudar, controlar, resolver, melhorar ou eliminar de sua vida.

PROTAGONISMO X PASSIVIDADE

O Protagonismo Feminino representa a possibilidade de se reconectar, conscientemente e por escolha, com a sensibilidade, a fraternidade, a sororidade, a liberdade, a autoconfiança, o poder, a garra, a determinação e a força da mulher.

O PROTAGONISMO feminino é competência essencial para o sucesso da Líder Ágil, nesses tempos VUCA.

Significa assumir o controle do que está ao seu alcance e tomar a frente da própria vida, empreendimento ou carreira, tornando-se a advogada de sua própria causa, das causas em que acredita e da causa de suas semelhantes, individualmente ou em grupos e comunidades.

PROTAGONISMO combate a o CONFORMISMO.

As subcompetências do PROTAGONISMO, são: Comunidade, Engajamento e Fraternidade/Sororidade.

LIDERANÇA VUCA© FEMININA
COMPETÊNCIAS, COMPORTAMENTOS E ATITUDES DA LÍDER ÁGIL DE SUCESSO

PROTAGONISMO

PROTAGONISM

- Comunidade
- Engajamento
- Fraternidade/Sororidade

Seus comportamentos e atitudes são apresentados no quadro do PROTAGONISMO e detalhados nas páginas a seguir.

LIDERANÇA VUCA© FEMININA
COMPETÊNCIAS, COMPORTAMENTOS
E ATITUDES DA LÍDER ÁGIL DE SUCESSO

P

PROTAGONISMO
Protagonism

Pass~~ividade~~
Pass~~ivity~~

COMUNIDADE

CRIAR
PARTICIPAR
CONTRIBUIR
- Formais ou Informais

TROCAR
- Experiências
- Dicas
- Informações
- Oportunidades entre Mulheres

NETWORKING
Genuíno

ENGAJAMENTO

VOZ, EDUCAÇÃO FINANCEIRA, TRABALHO, LIDERANÇA
- Valorização
- Equiparação Salarial
- *Pipeline* de Liderança

SOCIAL & SAÚDE
- Exemplo em Casa
- Não ao Viés Inconsciente
- Não à Violência
- Segurança e Saúde

POLÍTICO
- Voto Consciente
- Representatividade

EMPREENDEDORISMO FEMININO

SORORIDADE

COMPANHEIRISMO, FRATERNIDADE
- União, Aliança, Parceria
- Objetivos Comuns

APOIO
- Sem Julgamento
- Oferecer e Buscar Receber

SOLIDARIEDADE
- Cooperação, Assistência
- Afeto, Amizade
- Generosidade

PROTAGONISMO

Protagonismo feminino implica, à mulher que é Líder Ágil, tornar-se a personagem principal de sua própria vida, tomar a frente e apropriar-se da solução e do encaminhamento das questões em que estiver envolvida.

E atuar efetivamente para resolvê-las, sem esperar que a solução venha de fora ou aguardar indefinidamente pela ajuda de um terceiro ou fator externo.

A recomendação é ampliar a percepção sobre o seu contexto e a situação em que se encontra, avaliar a situação e assumir conscientemente o seu livre arbítrio, para dar a direção que deseja à sua própria vida, carreira e ao caminho para o seu sucesso.

Tomar iniciativas e mudar as atitudes e comportamentos que acreditar que poderão ajudá-la, mesmo que começando devagarinho, e acelerando, depois, para ir mais longe, realizar-se e ser mais feliz.

Abordo os principais pontos e indico alguns exemplos, para a mulher que atua na liderança poder fazer uma autoanálise rápida e identificar novas oportunidades para colocar em prática, imediatamente.

COMUNIDADE

As comunidades de mulheres que se formaram de alguns anos para cá, são redes de relacionamento em torno de projetos e interesses comuns, que têm tido sucesso em agrupar pessoas visionárias e generosas.

Elas representam um fortalecimento nunca antes visto, para a causa do empoderamento feminino e do respeito aos direitos das mulheres, no Brasil.

Os novos meios de comunicação, as transmissões de eventos ao vivo pela internet e as redes sociais, parecem estar tendo um papel determinante e favorecendo o encontro, presencial e virtual, de pessoas com questões, problemas, demandas, objetivos e interesses parecidos.

FORMAR

Se em sua região não houver uma comunidade que aborde as questões que você gostaria, contate outras pessoas, verifique o interesse delas e formem, juntas a sua própria comunidade local. Chame as amigas, parentes, filhas, sobrinhas, vizinhas, colaboradoras ou colegas de trabalho, dependendo do caso, para participar com você. De acordo com o objetivo, esta comunidade poderá se expandir, ao longo do tempo.

PARTICIPAR

Participe das comunidades de mulheres, sejam elas formais ou informais.

CONTRIBUIR

Faça o possível para colaborar e contribuir com a causa da comunidade, para que ela se desenvolva e continue gerando bons resultados para todas as participantes. Se tiver a oportunidade, faça comentários, dê sugestões de melhoria. Pense sempre no bem comum, primeiro.

Elogie genuinamente o que estiver funcionando, para estimular a todas as participantes e à organização a continuarem realizando o bom trabalho.

TROCAR

Troque experiências, dicas, informações e, em especial, oportunidades entre mulheres. Se receber a comunicação de um benefício que está disponível para mais pessoas, divulgue. Se não puder comparecer ou não lhe servir a oferta recebida, passe adiante e ajude alguém.

NETWORKING GENUÍNO

Cansamos de falar sobre isso, e ainda vemos muitas pessoas fazendo o típico *"networking* predador" - aquele em que a pessoa só pensa em tirar alguma vantagem ou fazer algo para receber alguma coisa, em seu próprio benefício. E a curto prazo. Isso fica tão evidente e é tão desagradável, que gera repulsa e evitação de contato, nas pessoas em volta.

O ideal é sempre iniciar um relacionamento duradouro, de confiança e colaboração com alguém, perguntando-se: "- Como eu poderia ajudar ou contribuir com essa pessoa, de alguma maneira?"

E, a partir daí, estabelecer uma relação leve e prazerosa, de aproximação e atenção genuína, para conhecer a outra pessoa e suas necessidades e saber como poderá ajuda-la, desinteressada e sem nenhuma expectativa de receber nada em troca.

É incrível como este tipo honesto e verdadeiro de *networking,* funciona. Se estiver seguindo à risca esses princípios, quase que misteriosamente, quando você realmente precisar de ajuda, ela vai estar lá.

ENGAJAMENTO

Somos pouco mais de 50% da população do Brasil e, nem de longe, alcançamos o lugar que deveríamos ocupar em nossa sociedade, na família ou no trabalho. Ainda existem muitas lacunas a serem preenchidas.

Por isso, mais do que nunca, o engajamento das mulheres, mormente as bem-sucedidas, em favor das menos, é tão importante.

Suas vidas e carreiras vitoriosas podem servir como exemplo, inspiração e incentivo para o crescimento e o desenvolvimento de um grande número de mulheres.

Compartilhe as suas "receitas de bolo", ou seja, os ingredientes e o modo de fazer: o que fez para chegar até ali e o como fez aquilo que deu certo para você.

Ao compartilhar lições de real valor, ao invés de arrebanhar concorrentes, você conquistará novas admiradoras, seguidoras e fãs, que promoverão a pessoa maravilhosa que você é. E aí, recomeça o ciclo virtuoso.

VOZ, EDUCAÇÃO, INDEPENDÊNCIA FINANCEIRA, TRABALHO, LIDERANÇA

Outro ponto importante, é o de homens e mulheres, em nossa sociedade, se engajarem na causa da contribuição para aumentar a força, o poder e a prosperidade feminina – a sua própria e a das outras mulheres.

VOZ – Tenha coragem de expressar a sua voz, quando lhe convier. Organizar os pensamentos e saber expressar com ternura e firmeza, adequadamente, as suas emoções, sentimentos, ideias, opiniões, sugestões, insatisfações, desconfortos, desejos e necessidades, respeitosamente, com calma, serenidade, clareza e assertividade, é um grande diferencial. E, sempre que conseguir, por meio da CNV – Comunicação Não Violenta.

EDUCAÇÃO - Busque evoluir com a educação formal e cursos de especialização e aperfeiçoamento, para conquistar sua independência financeira, por suas próprias mãos ou com a ajuda e a orientação da família, apoiadores, mentores ou mentoras. Procure as associações, entidades e organizações que oferecem cursos gratuitos ou subsidiados, com bolsas parciais ou totais. Existe uma infinidade de opções que podem ser encontradas facilmente pela internet.

Apadrinhe Uma Criança Carente Do Sexo Feminino – Patrocine-a, anônima ou declaradamente. Em sua educação fundamental e mais além, se tiver condição financeira. Em sua inclusão digital. Se não puder arcar sozinha, procure patrocinadores para ajudar ou dividir os custos. Você poderá fazer a diferença fundamental para garantir o futuro desta mulher e de todas as pessoas que vierem a se relacionar ou depender dela. Além de estar ajudando a criar uma cidadã educada e preparada para contribuir com o mundo.

INDEPENDÊNCIA FINANCEIRA - Procure entender mais sobre finanças. Básicas, depois, avançadas e investimentos, para saber como controlar, poupar, preparar-se para a aposentadoria, gastar e investir o seu dinheiro, de forma mais precavida e inteligente, no curto, médio e longo prazo.

Existem livros, vídeos, treinamentos, palestras e cursos, on-line e off-line, para você se informar e adquirir conhecimento sobre como lidar melhor com suas finanças.

Pare de ser imediatista e se tornar refém de seus impulsos. Treine adiar a gratificação instantânea e troque-a por um objetivo maior e melhor para você, mais à frente.

Dê-se pequenos mimos ou presentes, a cada nova conquista, vitória ou superação, que não comprometam a sua independência financeira.

Pode ser sob a forma de experiências (como uma boa caminhada, um passeio no parque ou uma visita a um museu público, com as amigas, a leitura de um livro que você queria ler há algum tempo ou um bom filme, sozinha ou em boa companhia, no cinema ou em casa, mesmo, com direito a pipoca e relaxamento).

Ou participando de qualquer das centenas de atividades gratuitas oferecidas nas cidades, atualmente – por exemplo, consultando o site www.catracalivre.com.br - ou conversando com outras pessoas e buscando conhecer as opções de sua cidade, o tema ou a região de interesse.

Evite adquirir o hábito de recompensar-se com alimentos (ajuda a não engordar e a manter a linha, a saúde e a autoestima) ou com objetos de consumo caros (que podem comprometer a sua saúde financeira, depois).

De tempos em tempos, quando a ocasião permitir e você tiver alcançado uma meta ou um objetivo importante, presenteie-se com uma viagem, um programa exclusivo ou algo útil e desejado, de valor um pouco maior.

Aposte em uma recompensa especial de verdade, aproveite e celebre em grande estilo, para valer!

Dê mais valor aos relacionamentos, à interação com as pessoas na vida real e às suas experiências. Nenhuma foto, filme ou imagem substitui um por de sol ao vivo, visto de sua própria janela ou de sua praça ou parque preferido. Vai valer a pena a satisfação, depois!

Sempre pesquise bem, antes de comprar, e adquira itens de custo adequado ao seu orçamento e à sua disponibilidade, naquele momento. Evite contrair dívidas, principalmente para compra de objetos de consumo.

E resista às tentações. Evite gastar com futilidades e inutilidades ou fazer compras por impulso, de produtos ou serviços que não vai usar, depois. Aquela blusa estampada linda, que você viu em destaque na vitrine da loja e ficou cobiçando, mas não tem o seu tamanho, logo vai sair de moda e você ainda vai se arrepender de vê-la pendurada no cabide do armário, sem uso, lembrando que ela pode ter custado uma pequena fortuna e que você ainda não emagreceu o suficiente para caber nela... As alegrias, em sua vida, não devem depender só da compra de coisas.

Nunca gaste por antecipação ou mais do que você ganha, salvo em situações de emergência de saúde ou outras igualmente significativas.

Poupe 50% do que sobra e invista em sua formação, em seu futuro e em sua aposentadoria. Custa incrivelmente barato, quando se é jovem.

E, se você já tiver essas competências financeiras bem desenvolvidas, pense em maneiras de ajudar outras mulheres, disseminando este seu conhecimento.

Por exemplo, oferecendo-se para ensiná-las, formal ou informalmente, a trilharem o mesmo caminho que você e a também terem conhecimento e controle de suas finanças e sucesso financeiro.

TRABALHO, VALORIZAÇÃO E EQUIPARAÇÃO SALARIAL – Se é homem ou mulher e trabalha com mulheres, tenha um olhar mais afetuoso e valorize mais a luta e a poli-jornada delas.

O ideal é somar as energias, dividir os esforços, identificar talentos e potenciais, e lhes proporcionar oportunidades de crescimento e desenvolvimento - com acesso a mentorias, coaching, treinamentos, workshops, cursos, etc. - reconhecer contribuições, compartilhar e celebrar os resultados.

Se for um líder, ofereça oportunidades iguais e remuneração equivalente e ajude a uma ou mais mulheres, sempre que possível.

Sabemos, por nossa própria experiência, que as mulheres sempre tiveram que trabalhar muitas vezes mais do que seus pares do sexo masculino, para chegar lá.

Se ainda não for líder, tente influenciar o seu ou a sua líder, para levar em consideração estas questões, quando se tratar das mulheres, no ambiente de trabalho.

Raramente houve igualdade de oportunidades no mercado de trabalho. E esse hábito de exigir "naturalmente" demais das mulheres e de elas entregarem mais do que a média dos homens, para justificar terem o direito de concorrer às mesmas posições que eles, acabou ficando arraigado em todos nós.

Como profissionais, sempre tivemos que compensar as nossas "fraquezas": o potencial de engravidar a qualquer momento ou ter que cuidar dos assuntos urgentes da casa e da saúde dos nossos pais, maridos, parentes e filhos, como se, com esta carga extra de atribuições e responsabilidades não estivéssemos cuidando melhor das pessoas que entregamos para o mundo.

Então, atenção para "pegar mais leve" e ajudar, sempre que puder, as suas colegas, chefes, colaboradoras, pares e parceiras.

PIPELINE DE LIDERANÇA – As mulheres nunca chegarão aos cargos de liderança mais altos das empresas, se não houver a preparação delas, em suas carreiras, desde antes das primeiras posições como líderes. Com orientações, coaching, mentoria, treinamento adequado e possibilidades de atuação com ampliação gradual de responsabilidades, escopo, autoridade, autonomia, aquisição de conhecimentos e experiências.

Se você trabalha na área de Recursos Humanos ou em alguma alta posição de liderança, fique alerta e sugira, diplomática, hábil e oportunamente, planos e ações efetivas em direção à equidade de oportunidades para as mulheres, na carreira de liderança, em sua organização.

Se não, procure saber sobre programas de desenvolvimento de liderança e planos de sucessão em sua empresa ou converse com a área de RH e informe-se sobre os planos de carreira, programas e atividades específicas, dirigidas para o desenvolvimento, a evolução e a progressão das mulheres na liderança.

E é interessante observar que, de vez em quando, algum homem manifesta alguma reação contrária, desdenhosa ou agressiva e reclama do que chama de "feminismo exacerbado".

O detalhe que pode lhe ter passado despercebido, é que estamos apenas lutando pela equiparação, e não para um maior número de oportunidades para as mulheres.

Até há relativamente pouco tempo, praticamente todas as vagas para a liderança estavam destinadas aos homens nas empresas, salvo em alguns raros segmentos específicos e tipicamente femininos.

O que aconteceu, durante muitos e muitos anos, é que os homens estiveram, confortavelmente, se aproveitando de quase 100% das vagas oferecidas para ocupar as posições de média gerência para cima e da alta administração, da maioria das companhias (com honrosas exceções) e nunca tiveram que se preocupar com isso.

Então, pode ser que um cenário equilibrado de oportunidades fique um pouco mais competitivo para eles, mesmo.

O que para nós, mulheres, já é de praxe.

SOCIAL & SAÚDE

EXEMPLO EM CASA – Não à Violência, Não à Discriminação e a favor da Equidade - Seja um modelo em sua comunidade e nos pontos de convívio social, começando pela sua própria casa.

Seus comportamentos e atitudes falarão mais alto do que mil palavras.

Seja um exemplo, com "tolerância zero" para desrespeito, violência, discriminação ou tratamento desequilibrado, em relação a ocupações, distribuição de tarefas, privilégios ou educação de meninas e meninos.

"NÃO" AO VIÉS INCONSCIENTE - Esteja mais atenta às suas próprias ações, gestos e falas em seu dia a dia.

Cuidado com os comportamentos e as atitudes "automáticos" e inconscientes, que acabam ajudando a fortalecer os estereótipos preconceituosos, criados pela sociedade machista latina e patriarcal em que ainda vivemos.

Por exemplo, cair na armadilha de usar chavões como "mulher sempre fura o olho de outra mulher, quando o assunto é competirem entre si para conquistar a atenção de um homem ou uma promoção no trabalho".

Também não vale, criticar a sensibilidade feminina quando ela se expressa no choro de desespero, na irritação com um grande problema inesperado ou nas enxaquecas e cólicas da TPM – tensão pré-menstrual.

Ou, ainda, na hora de dividir as tarefas domésticas entre filhos e filhas, distribuindo-as desigualmente, as tradicionalmente consideradas femininas e as masculinas, respectivamente, para meninas e meninos.

Cuidado redobrado com o modelo mental e tradicional machista de desvalorização da mulher e de seu potencial, que você pode estar reproduzindo em sua casa e em sua família, sem perceber.

Devemos estar atentas.

> "Se todos na casa comem, dormem, vestem-se e sujam, por que só a mulher tem que cozinhar, passar, limpar e arrumar?"
>
> *Autor desconhecido.*

Claro que existem diferenças que têm que ser reconhecidas, aceitas e valorizadas entre as pessoas de sexos ou identidade de gênero diferentes.

Mas, isso nunca deve ser justificativa para tratamento violento, desrespeitoso ou discriminatório, em lugar algum.

Em relação ao tema da equidade em casa, converse com seu companheiro ou companheira, se for o caso, e organize a sua rotina das pessoas da casa, de modo a todos contribuírem com alguma parte do trabalho e sempre haver um rodízio de tarefas.

Assim, as chances de criar um lar mais feliz, igualitário e equilibrado, para mulheres e homens viverem em harmonia, aumentarão.

SEGURANÇA E SAÚDE – Busque informações e o apoio dos órgãos públicos e dos serviços de saúde e de atendimento, em delegacias, polícia feminina, hospitais, e serviços sociais, advocatícios e ambulatoriais gratuitos específicos para a mulher, sempre que necessário.

Para você mesma, ou para ajudar outras mulheres que precisem e não tenham conhecimento, esclarecimento suficiente ou acesso limitado a esses recursos e informações.

POLÍTICO

Informe-se melhor e engaje-se nos assuntos da política de nosso País, para conhecer melhor e exercer plenamente a sua cidadania.

VOTO CONSCIENTE E REPRESENTATIVIDADE – Busque alternativas e dê preferência a mulheres competentes, preparadas ou, no mínimo, de "ficha limpa", honestas e bem-intencionadas, para votar, nas eleições.

Lembre-se de nunca teremos uma sociedade equânime no tratamento entre homens e mulheres, se não houver uma representatividade de mulheres no Poder Legislativo, que espelhe a sua totalidade na sociedade, para fazer leis que abordem os aspectos importantes para as mulheres e suas questões.

E reflita seriamente, se você não poderia ser feliz em colocar os seus conhecimentos, talentos e relacionamentos, a favor de uma carreira pública ou política, representando e elaborando novos projetos e leis em benefício das mulheres ou de outra causa que lhe interessar, tocar o coração e alegrar o espírito.

EMPREENDEDORISMO FEMININO

Empreendedorismo, assim como a Liderança, é uma competência que pode ser desenvolvida e praticada.

Existem os casos de pessoas que, preferem atuar como empreendedoras de maneira independente, tocando o seu próprio negócio, ao invés de trabalhar nas corporações ou na empresa de outra pessoa ou grupo - trata-se das empresárias.

E, se for o caso de uma pessoa trabalhando dentro de uma empresa e praticando o empreendedorismo, como funcionária, trata-se de uma intraempreendedora.

Para quem quer ser empresária, é bom conhecer bem o mercado e entender sobre as complexidades da administração de uma empresa no Brasil. Saber como identificar e endereçar as reais e promissoras oportunidades, como comercializar produtos e serviços, gerir pessoas e correr riscos calculados, entre outras coisas.

Para criar um negócio bem estruturado e com maiores chances de sucesso, desde o início, dentro um ambiente de prosperidade, melhor buscar as orientações e o apoio de organizações reconhecidas e especializadas no apoio a micro, pequenas e médias empresas.

Entre elas, existem as conhecidas como o SEBRAE, que oferece consultoria em diversas áreas e cursos gratuitos de valor quase simbólico, para as iniciantes.

A RME – Rede Mulher Empreendedora, criada por Ana Fontes, que faz encontros e eventos periódicos, gratuitos ou a custos bem acessíveis. O movimento Google *Women Will* e o grupo Itaú Mulheres Empreendedoras, e outras inciativas.

Também existem investidores anjos, incubadoras e aceleradoras, que podem atuar ou apoiar e ajudar, dependendo do estágio de desenvolvimento em que estiver o seu negócio.

Pode-se buscar informações com outras mulheres empreendedoras, nos grupos de mulheres, nas redes sociais e outros websites na internet, para se informar melhor e encontrar o tipo de apoio mais adequado para o seu caso.

E ainda existe o ENDEAVOR, com literalmente centenas de recursos, ferramentas, transmissão de vídeos, cursos, eventos e conteúdos on-line e gratuitos, à disposição, para incentivar negócios de alto potencial de crescimento.

Essas instituições, organizações, associações e entidades podem ajudar as empreendedoras, atuais e potenciais, de várias maneiras, nas diversas fases de sua empresa.

SORORIDADE

União, aliança e parceria entre "Irmãs", em direção a objetivos comuns.

COMPANHEIRISMO, FRATERNIDADE

O texto do site "Significado de Sororidade" [31] é tão interessante e explicativo, que resolvi colocá-lo aqui praticamente na íntegra, apenas com pequenas adaptações.

" ...É a união e aliança entre mulheres, baseadas na empatia e no companheirismo, em busca de alcançar objetivos em comum.

O conceito de sororidade está fortemente presente no feminismo, sendo definido como um aspecto de dimensão ética, política e prática deste movimento de igualdade entre os gêneros.

Do ponto de vista do feminismo, a sororidade consiste no NÃO JULGAMENTO prévio, entre as próprias mulheres."

O julgamento prévio, na maioria das vezes, só ajuda a fortalecer estereótipos preconceituosos, criados por uma sociedade machista e patriarcal, que só desfavorece as mulheres.

"A sororidade é um dos principais alicerces do feminismo, pois sem a ideia de "irmandade" entre as mulheres, o movimento não conseguiria ganhar proporções significativas para impor as suas reivindicações.

A origem da palavra sororidade está no latim *sóror*, que significa "irmã". Este termo pode ser considerado a versão feminina da fraternidade, que se originou a partir do prefixo *frater*, que quer dizer 'irmão'."

A sororidade é bem conhecida e praticada nos Círculos de Mulheres, uma iniciativa global, que reúne, em encontros periódicos, grupos de cerca de 15 a 50 mulheres em diversas regiões, com ações para valorizar e fortalecer os laços com o sagrado feminino e entre as mulheres participantes, consideradas como irmãs espirituais, incentivadas a trocarem experiências e vivências comuns, e a realizarem rituais espirituais e ações para o bem.

APOIO

Oferecer e Buscar Receber – Ofereça apoio sem julgamento. Cada pessoa já sabe o peso da vida que tem que carregar. Busque ajuda para apoiar a você mesma e às suas amigas e conhecidas ou desconhecidas, sempre que precisar.

E não tenha vergonha! Supere o orgulho, a vaidade, a timidez ou o medo de oferecer ou pedir a ajuda necessária.

Se você for mulher, inicialmente dê preferência a outra mulher, para fazer o seu pedido de ajuda.

Provavelmente, ela será capaz de compreendê-la e entendê-la mais rápido e mais facilmente, em suas necessidades, do que um homem.

Você também poderá usar a dica de um precioso conselho, adaptado do que recebi há mais de 20 anos, do querido amigo José Augusto Minarelli.

Tenho por ele grande apreço e gratidão, por ter recebido, graciosamente, seus sábios e valorosos conselhos profissionais, exatamente no momento de minha vida e carreira em que mais precisei. E passei a admirá-lo ainda mais, desde então.

Você pode pedir qualquer $C^2.O^2.I^2.S.A.$ às pessoas de seu relacionamento, sendo:
- C^2 - de Conselho ou Crítica,
- O^2 - de Orientação ou Opinião,
- I^2 - de Informação ou Indicação,
- S - de Sugestão, e
- A - de Acesso - a pessoas ou a recursos.

Excelente dica, não é mesmo?

E note que, na sigla, não estão as letras D, de Dinheiro, nem E, de Emprego.

A ambos, você deve se preparar para obtê-los de outras maneiras específicas e diferentes, que não são o tema deste livro.

A boa notícia é que, se decidir pedir alguma $C^2.O^2.I^2.S.A$ a alguém e o seu pedido não funcionar, o máximo que poderá acontecer é você ouvir um "não" e continuar tudo na mesma.

Neste caso, escolha uma outra pessoa para pedir ajuda e tocar em frente o seu gesto de apoio.

Caso seu pedido seja atendido e você receba a ajuda que necessitava, vai ter novos elementos, informações ou ideias, prontinhos para refletir, analisar e decidir como vai utilizar.

E lembre-se de AGRADECER ao benfeitor ou benfeitora!

SOLIDARIEDADE

Implica cooperação e a assistência, de umas para as outras e de cada uma para todas.

AFETO E AMIZADE - De acordo com o que estiver ao seu alcance, pela afinidade ou pela identidade de sentimentos, ideias ou ideais.

GENEROSIDADE – que se expressa por meio das qualidades e sentimentos nobres e pela grandeza de alma, colocados a serviço das mulheres e suas famílias e a favor de suas causas.

Durante toda a minha vida, tenho observado os inúmeros exemplos e manifestações de generosidade das mulheres para com as outras pessoas, em geral, e entre elas.

É incrível como, via de regra, em caso de necessidade, você sempre vai poder contar com o apoio ou a ajuda de alguma mulher.

Sempre que puder, retribua esse sentimento coletivo e ofereça essa mesma generosidade a outras mulheres necessitadas, espontaneamente ou quando lhe pedirem.

Participe do ideal de "Mulheres que Ajudam e Apoiam Mulheres".

A mulher, além de ajudar a si mesma, tem maior potencial de multiplicar e distribuir a generosidade recebida para impactar positivamente as vidas do máximo possível de pessoas à sua volta: de sua família, de sua vizinhança, de sua comunidade, amigas e de outras pessoas de outras famílias.

As líderes mulheres têm o hábito de trabalhar juntas, construindo soluções lado a lado com suas equipes, e o resultado é sempre muito positivo.

As mulheres que atuam na liderança, em geral, mudam o clima do ambiente de trabalho para melhor, tornando-o mais inclusivo e receptivo à diversidade.

Também são mais propensas a conhecer, aprender e utilizar as opções de trabalho remoto, porque isso facilita a elas conciliar a jornada de trabalho, mantendo a proximidade com suas famílias.

Oferecer informação, acesso à tecnologia e ferramentas, vai criar mais oportunidades igualitárias para as mulheres, beneficiando a todos e à sociedade.

Estudos internacionais [36, 37, 38, 39, 40] repetidos há mais de dez anos, com as melhores e maiores companhias do mundo em diversos países, constataram que empresas com diversidade de gênero, ou seja, maior número de mulheres na alta liderança, diretoria e conselho de administração têm, consistentemente, maior lucratividade e melhor desempenho nos negócios – maior o retorno sobre o patrimônio líquido, retorno sobre as vendas, margem operacional e retorno sobre o capital investido.

Elas agregam valor, por exemplo, com seu olhar sob uma perspectiva diferente, para compreender melhor o cliente e para uma melhor tomada de decisão, exercer uma liderança mais efetiva, modelando o seu exemplo, engajando e retendo talentos e clientes, maior capacidade de geração de soluções inovadoras e de transmitir confiança aos investidores, entre outras razões.

A conclusão foi: "mulheres na alta liderança é bom para os negócios".[36]

Recomende a leitura deste livro às suas amigas e compartilhe as dicas e informações mais importantes para você.

A ideia é inspirar outras mulheres e as próximas gerações, para que suas famílias, suas comunidades e elas mesmas ajudem-se, prosperem e desfrutem de abundância de oportunidades.

Assim, continuaremos incentivando, cultivando e expandindo a nossa rede feminina da corrente do bem.

Capítulo 7
NOVO ESTILO DE LIDERANÇA VUCA©: A SOLUÇÃO

Reuni os principais elementos do novo Estilo de LIDERANÇA VUCA neste quadro, para facilitar a visualização.

LIDERANÇA VUCA©
COMPETÊNCIAS, COMPORTAMENTOS E ATITUDES DO LÍDER ÁGIL DE SUCESSO

VISÃO
Vision
- Influenciar
- Acreditar
- Focar

ENTENDIMENTO
Understanding
- Curiosidade
- Compaixão
- Abertura

CLAREZA
Clarity
- Simplificar
- Intuir
- Pensar Sistemicamente

AGILIDADE
Agility
- Decidir
- Inovar
- Empoderar

PROTAGONISMO
Protagonism
- Iniciativa/Comunidade
- Engajamento
- Fraternidade/Sororidade

E, para promover a efetiva aplicação dos conceitos, a partir do próximo capítulo, agrupei também os comportamentos e atitudes, apresentados detalhadamente no quadro geral que aparece na página seguinte.

Você poderá baixá-lo, gratuitamente e em versão colorida, acessando o link:

liderancavuca.com.br/qr

A recomendação é imprimi-los e deixá-los em local visível e de fácil acesso, para consultar e usar sempre que precisar.

LÍDER ÁGIL, LIDERANÇA VUCA©
COMPETÊNCIAS, COMPORTAMENTOS E ATITUDES DO LÍDER DE SUCESSO

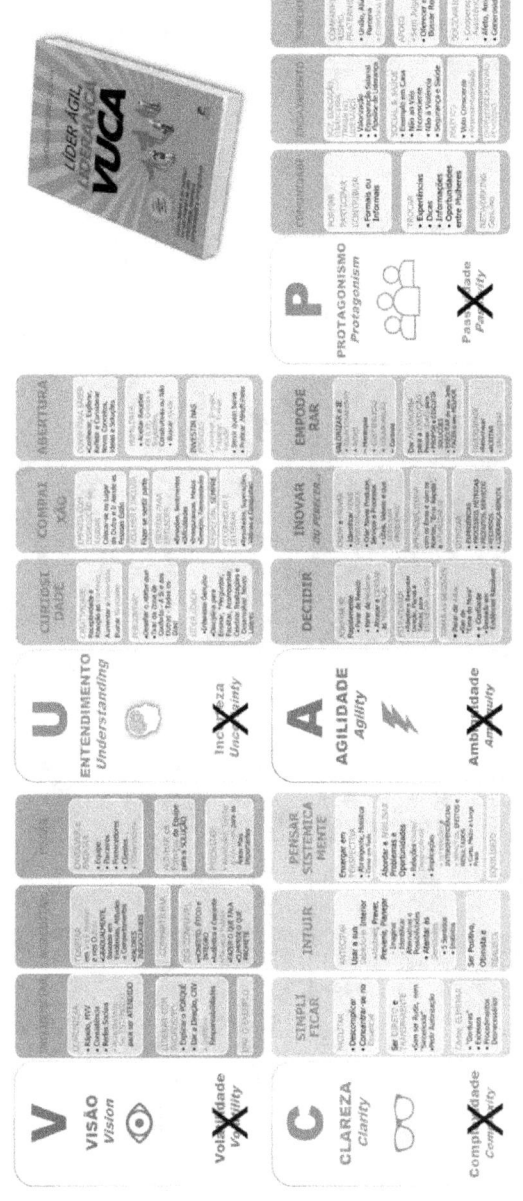

Capítulo 8
CONCLUSÃO, OS 5 PASSOS VUCA SCAPI© E O PLANO DE AÇÃO SUPER SMART©

> *"É colocando-se A SERVIÇO de outras pessoas ou de uma causa maior que você - e não ficando focado apenas em si mesmo - que você vai ao encontro da realização do seu PROPÓSITO."*
>
> Verônica Rodrigues

A LIDERANÇA VUCA também é um estado de espírito.

Uma mentalidade aberta e receptiva, na qual você mesmo se coloca e que, necessariamente, exige atitude afirmativa e mudança na forma de raciocínio e pensamento.

Agora, conhecendo os contextos, conceitos, definições e exemplos de comportamentos e atitudes do Estilo de LIDERANÇA VUCA©, está na hora de colocar em prática aquilo que poderá levar você a um novo patamar de resultados, como Líder Ágil.

E justamente por isso, as suas estratégias devem abranger, desde o início, se possível, aspectos que incluam e impactem, positivamente: Você Mesmo, as Pessoas, os Processos, os Negócios e a Sociedade.

SUCESSO DA LIDERANÇA VUCA©, NA PRÁTICA: OS 5 PASSOS VUCA SCAPI© E O PLANO DE AÇÃO SUPER SMART©

Como próximos passos, chegou a hora de unirmos as duas coisas: os objetivos e metas que significam a sua própria definição atual de SUCESSO na vida e na carreira ou nos negócios, com o Plano de Ação SUPER SMART© para o desenvolvimento das competências da LIDERANÇA VUCA, que apoiarão você, nessas conquistas.

Como você só tem uma vida, eles têm que estar interligados e alinhados.

O alcance dos seus objetivos de desenvolvimento de liderança apoiando o alcance de seus objetivos de vida, carreira ou negócios e vice-versa.

Se não estiver tudo conectado, não vai dar cento.

Mas, vá com calma...

Ninguém consegue desenvolver todas as competências, comportamentos e atitudes, de uma só vez.

Nem precisa!

A dica é focar em uma ou duas competências e um ou dois comportamentos, para começar.

Depois, você foca em outros pontos.

E assim por diante.

Na liderança, é importante estarmos sempre em "Modo Beta" - ou seja, prontos para implementar inovações rapidamente e melhorar, a cada novo ciclo.

Sair do piloto automático e ITERAR, para o crescimento e o aperfeiçoamento contínuos.

Dessa maneira, você potencializa a sua energia e aumenta as chances de implementar e fazer as melhorias funcionarem, a cada novo ciclo de iteração.

Afinal, é para isso que estamos aqui, neste mundo.

Então, vamos seguir e entender os **5 PASSOS VUCA SCAPI©** para o sucesso, na prática.

PASSO VUCA SCAPI© #1 – **S**UCESSO

PASSO VUCA SCAPI© #2 – **C**OMPETÊNCIAS

PASSO VUCA SCAPI© #3 – **A**ÇÕES

PASSO VUCA SCAPI© #4 – **P**ROGRESSO

PASSO VUCA SCAPI© #5 – **I**TERAR

PASSO VUCA SCAPI© #1 - SUCESSO

Resgate aquela pasta que chamou de "SUCESSO PARA MIM" e que contém o que você determinou, no início da leitura deste livro, como o que traduz a sua definição de SUCESSO, neste momento de sua vida.

Digo isso, porque essa definição vai mudando ao longo do tempo, o que é normal. Por isso, a importância de revisá-la, de quando em quando.

Senão, tudo o que estiver fazendo hoje, pode leva-lo a resultados que você não valoriza, não são tão importantes ou não deseja mais alcançar.

E aí, já vai ter consumido seus esforços, sua energia, seus recursos e, principalmente, o seu tempo - que é o seu bem mais escasso, limitado e precioso na vida.

Então, revise os objetivos e metas de sua definição de SUCESSO, agora mesmo.

E mantenha apenas aquilo que considera realmente importante. Releia, reflita e, se precisar, altere, atualize e reescreva de maneira ainda mais simples clara, cada item.

O que faz o seu coração cantar? O que fará o seu íntimo ou a sua alma realmente feliz?

PASSO VUCA SCAPI© #2 - COMPETÊNCIAS

Tenha em mãos, lado a lado, os quadros das competências, comportamentos e atitudes da LIDERANÇA VUCA que pode baixar nos links (liderancavuca.com.br/qr e liderancavuca.com.br/qc) e os objetivos e metas de Vida, Carreira ou Negócios que revisou.

E, com base na autoavaliação feita nos Capítulos 4 e/ou 6, escolha 1 ou 2 Competências prioritárias do Estilo de LIDERANÇA VUCA e os respectivos comportamentos e atitudes-chave que pretende desenvolver ou aprimorar para alcançar a sua definição de sucesso.

Aquelas que você acredita que, quando estiverem desenvolvidas ou aprimorados, poderão impulsionar o seu sucesso na liderança, na carreira e na vida.

E coloque-as em ordem de prioridade, para você.

Primeiro, a que tiver a maior possibilidade de impacto ou efeito positivo e que for mais importante para você e para os objetivos e metas que quer alcançar.

PASSO VUCA SCAPI© #3 – AÇÕES

Escreva e elabore um Plano de Ação SUPER SMART© - ou seja, simples de executar.

Veja o modelo, logo após os **5 PASSOS VUCA SCAPI©**, que você poderá receber gratuitamente, colorido e em PDF, acessando o link liderancavuca.com.br/pa.

Faça uma lista com poucas ações, bem realistas, factíveis e SUPER SMART© (Específicas, Mensuráveis, Alcançáveis, Relevantes, e atreladas ao Tempo, com data ou período de realização ou conclusão – dia, mês e ano - para cada uma).

Determine 2 a 3 mudanças focais de comportamentos e atitudes para implementar rápido e que vão melhorar ou aprimorar a sua LIDERANÇA VUCA, para cada competência escolhida.

Tudo o que decidir incluir em seu Plano de Ação SUPER SMART© deverá, de alguma maneira, direta ou indiretamente, ajudar você a alcançar aqueles objetivos e metas de vida e carreira ou negócios que constam da definição de "SUCESSO PARA MIM".

Inclua comportamentos e atitudes novos ou diferentes dos atuais, para colocar em prática diariamente ou sempre que tiver oportunidade, relacionadas a cada uma.

Pode ajudar, procure e selecione-as no quadro-resumo detalhado do Estilo de LIDERANÇA VUCA©.

Você também pode escolher parar algo que esteja fazendo e que pode não estar ajudando ou, pior, lhe atrapalhando.

E não importa há quanto tempo você tem o hábito de fazer do jeito antigo. Você sempre vai poder aproveitar para mudar de comportamento ou atitude e começar a agir de um modo novo ou diferente, agora mesmo, e sem perder mais tempo.

A ideia é manter a evolução contínua e alavancar seu sucesso, com as práticas dos comportamentos e atitudes da LIDERANÇA VUCA.

PASSO VUCA SCAPI© #4 - PROGRESSO

Defina seus Indicadores-Chave de Sucesso (ICS) e escolha um prazo adequado e razoável, a cada uma semana ou duas, no máximo, para revisar e avaliar periodicamente o seu progresso.

E só coloque um "OK" na coluna de Status, quanto tiver, efetivamente, concluído a ação.

Marque na agenda e reserve cerca de 20 a 30 minutos em um horário calmo de um dia da semana propício e dedicado a esta atividade.

Pode ser na sexta ou no domingo, no final do dia, ou na segunda-feira, logo no primeiro horário da manhã, por exemplo. Escolha o melhor momento, para você.

PASSO VUCA SCAPI© #5 - ITERAR

A cada atividade concluída ou objetivo e meta alcançado, marque um OK na coluna de Status e, se necessário, atualize o plano e insira outras, que vão levar você ainda mais longe no seu autodesenvolvimento.

Assim, de uma forma enxuta ou *lean*, você vai realmente ITERAR: poderá rapidamente perceber em quê está evoluindo e gerando bons resultados e o que poderá ser modificado, para "pivotar" o que ainda precisar melhorar, no planejamento ou na execução.

Quando tiver atingido seus objetivos e metas, nas áreas escolhidas, reconheça os próprios méritos, celebre as conquistas e reserve um tempo para desfrutar dos benefícios.

E, quando desejar, é só escolher novos objetivos e metas e competências para desenvolvimento do Estilo de Liderança VUCA e repetir esses mesmos cinco passos, para começar um novo ciclo acelerado de conquistas, realizações, aprendizado e crescimento, pessoal e profissional.

LÍDER ÁGIL, LIDERANÇA VUCA©
PLANO DE AÇÃO SUPER SMART©

Nome: _____ Data: ___/___/___

VIDA & CARREIRA OU NEGÓCIOS

#	Principais Objetivos e Metas a Alcançar	Data Prevista	Status
1			
2			
3			

LIDERANÇA VUCA e/ou LIDERANÇA VUCA FEMININA

Competências, Comportamentos e Atitudes para Desenvolvimento	#	Ações e Mudanças Efetivas	COISA* - Recursos & Pessoas Envolvidas	Data de Realização da Ação ou Mudança	Status
1	1				
	2				
	3				
Data de Conclusão: ___/___/___					
2	1				
	2				
	3				
Data de Conclusão: ___/___/___					

©Copyright 2006-2018 VERÔNICA RODRIGUES DA CONCEIÇÃO, MBA   Todos os direitos reservados.   www.liderancaagilliderancavuca.com.br

E é bom destacar que, a verdadeira transformação para o sucesso só acontecerá com a aplicação dos princípios do Estilo de LIDERANÇA VUCA©, tendo em mente os Três Fundamentos do Coaching [35]:

- **CONSCIÊNCIA** - Autoconhecimento (conhecimento sobre si mesmo) e sobre o seu contexto, com a percepção sobre os impactos de suas atitudes e comportamentos, para você mesmo e para as outras pessoas, a curto, médio e longo prazo;
- **ESCOLHA** - Tomada de decisão sobre o que vai fazer de diferente para ITERAR-SE, daqui em diante; e
- **MUDANÇA** - Os comportamentos e atitudes novos ou diferentes que você implementará ou colocará em prática. Ou que vai parar de praticar, porque não lhe trazem bons resultados.

O Líder Ágil de sucesso é aquele que mais rapidamente MUDA, para se adaptar às novas circunstâncias.

Então, acima de tudo, se um novo comportamento ou atitude não funcionar, resista bravamente à tentação de voltar ao anterior.

Sem se autoflagelar, teste outros, novos ou diferentes, até encontrar o que for melhor para você.

E, se parar de funcionar por algum motivo, mude outra vez!

Só assim, os melhores resultados se tornarão a sua nova realidade, constantemente construída e reconstruída por você mesmo.

E você pode estar se perguntando...

É só com as competências, conjuntos de conhecimentos, habilidades, comportamentos e atitudes, que terei que lidar?

Como ficam o meu coração e as minhas emoções e sentimentos, enquanto isso?

A resposta é: onde sempre estiveram, o tempo todo: com você, dentro de você e refletidos em suas ações.

Só que, agora, com você cada vez mais consciente, humano, presente e plenamente atento, norteando tudo.

Tenha sempre em mente: nada do que está neste livro vai ajudar você, se não ocorrerem MUDANÇAS efetivas de Cabeça, Corpo e Coração, ou seja, de:

- Mentalidade – Disposição de mudar Pensamentos e Atitudes para positivos,
- Emoções e Sentimentos – Aqueles que você reavaliará e escolherá sentir, para lidar com as situações, boas ou ruins, logo depois de surgirem e forem reconhecidas as emoções básicas e instintivas, e

- Ações - O "fazer" - de forma SIMPLES, efetiva e realista - e todos os seus sinônimos, como executar, realizar, colocar em prática, etc.

O coração, as emoções e os sentimentos também vão lhe ajudar nas tomadas de decisão e na hora de colocar-se genuinamente a serviço das outras pessoas e do seu propósito.

E lhe possibilitar praticar a verdadeira Compaixão, que você vai precisar para lidar com serenidade e sabedoria, paciência e resiliência, com as eventuais dificuldades e frustrações.

Na posição de Líder Ágil, as pessoas com quem terá que se relacionar, têm diversos seus ritmos, capacidades, habilidades e competências, formas de aprendizado preferidos, níveis de entendimento, compreensão, percepção e consciência, estágios de crescimento, maturidade e desenvolvimento, etc., na vida e no trabalho.

Elas têm características únicas, diferentes das suas. E uma coisa em comum: todas merecerão sua atenção e consideração.

Lembre-se, o seu futuro é AGORA!

E agora, é VUCA!

Se você é um Líder ou uma Líder Ágil que não inova, não se atualiza, não se conecta com as pessoas, não muda e não se transforma...

Fica para trás!

Então comece, hoje mesmo, a acelerar em direção ao sucesso que escolheu alcançar.

Depois, me conte como foi.

Vou estar na maior torcida!

Namastê! _/_

Mensagem ao Leitor

Querido Leitor,

Eu o escrevi com muito carinho e espero que você tenha gostado deste livro.

E ficarei feliz se você postar uma avaliação sobre ele na Amazon. É só acessar a página do livro e clicar no botão "Escreva uma Avaliação".

Respondo pessoalmente às mensagens e estou curiosa para saber a sua opinião. Será ótimo, se puder contar qual conteúdo foi útil para você e por quê.

Se tiver algum comentário, crítica ou sugestão que possa melhorá-lo ou encontrou algum erro, por favor, envie um e-mail para autora@liderancavuca.com.br.

Você também pode começar a me seguir no Instagram: #veronicarodrigues.com.br.

Se gostou deste livro, será sensacional se puder compartilhar nas redes sociais e indicá-lo a seus amigos!

Assim, alguém mais poderá se beneficiar de seu conteúdo.

P.S.: Quando e se você desejar, estiver pronto e se sentir preparado, a qualquer momento, estarei à disposição para ajudá-lo a atingir o seu PROPÓSITO, crescer e desenvolver a sua liderança de forma acelerada, de diversas maneiras.

1 - Cadastre-se no site www.liderancavuca.com.br para receber, gratuitamente, mensagens e informações sobre dicas, vídeos, artigos, convites para eventos, cursos e

treinamentos, atualizações e novidades sobre importantes temas de liderança.

2 – Participe de nosso Programa LIDERANÇA ESSENCIAL e torne-se mais um Caso de Sucesso. Montamos novos grupos periodicamente e você pode se cadastrar agora, para ser avisado primeiro, sobre a abertura da próxima turma, acessando: www.liderancavuca.com.br/liderancaessencial.

3 – Seja atendido por mim ou por minha equipe, em particular, para fazer Coaching Executivo, de Liderança, de Carreira ou de *Autoplacement©/*Auto-Recolocação© (criação e exclusividade VR Consulting – www.vrconsulting.com.br).

4 – Você também pode contratar minha palestra ou o workshop LÍDER ÁGIL, LIDERANÇA VUCA para os colaboradores, líderes ou clientes de sua empresa e, ao final, presenteá-los com este livro.

5 – E contratar os nossos outros treinamentos, workshops e palestras e receber nossa assessoria profissional personalizada.

É só enviar um e-mail para contato@liderancavuca.com.br, colocando "PARTICULAR" no campo de Assunto e falando-nos um pouco sobre você, o seu momento, a sua empresa ou o desafio de gestão de pessoas, carreira, negócio ou liderança, pelo qual esteja passando. Ou, ainda, nos contar sobre o tema que gostaria que trabalhássemos juntos. Entraremos em contato em seguida, para tirar as suas dúvidas e esclarecer sobre os detalhes.

Um afetuoso abraço e muito sucesso para você!

Com carinho e gratidão,

Verônica Rodrigues

www.liderancavuca.com.br

Sobre a Autora

Verônica Rodrigues da Conceição, MBA
CEO da VR Consulting e Empreendedora. Formadora e Desenvolvedora de Líderes, *Senior Executive & Business Coach*, Mentora, Facilitadora de T&D e Consultora Organizacional e Estratégica de RH. Docente de MBA e EMBA, Autora e Palestrante.

Biografia Profissional Resumida

CEO da VR Consulting, Leadergyzer e Startuppers e Empreendedora. Especializada em Formação e Desenvolvimento de Liderança, Coaching Executivo e de Negócios e Mentoring, para CEOs, CXOs, Presidentes, VPs, Diretores, Líderes Sêniores e suas Equipes e Empreendedores.

MBA pela BSP - Business School São Paulo, módulos internacionais na *University of Toronto*, Canadá, e *Baruch College*, em Nova Iorque, EUA, e diversos cursos de aperfeiçoamento.

Formação superior em Ciências Físicas, Químicas e Biológicas, com Habilitação em Matemática, Pós-Graduação em Administração de Empresas (FAAP), Finanças CBA Core (IBMEC) e Psicodrama.

Mais de 30 anos de experiência combinada como Empresária, Coach, Consultora Organizacional e de RH Estratégico, Executiva de TI, Marketing e RH, atuando em projetos nacionais e internacionais para organizações, como Adtalen/DrVry, Amcham, British Council, Brown Forman, Carrefour, CBC S.A./Mitsubishi, Citicard Bank/Credicard, CSL Behring, Colgate-Palmolive, Dow Corning/DuPont, Henkel, Itaú-Unibanco, Odebrecht, Mondelez/Kraft Foods,

Monsanto, Mosaic/Cargill, Porto Seguro, Progress Software, SAP, Schott, Servimex, Solví/Vega, Siemens e Volkswagen.

Experiente em Workshops & Treinamentos, como Liderança Essencial, Líder Ágil, Liderança VUCA, Líder Coach e CNV – Comunicação Não Violenta, Pesquisas de Clima, Satisfação e Engajamento, Modelagem de Competências e *Assessment Center*.

Qualificada para a aplicação de Instrumentos, como HOGAN®, INSIGHTS®, MBTI® Step I & II, VOICES® Korn/Ferry-Lominger, DISC, Valores & Quociente de Atividade® Success Insights, Birkman®, FIRO-B®, Entrevistas de Heteropercepção e Feedback 360º.

PCC – *Professional Certified Coach*, credenciada internacionalmente pela ICF - *International Coach Federation*, de 2011-2015, Coach Sênior pelo ICI - *Integrated Coaching Institute*, *Executive Coach* pela Franklyn Covey e *Columbia University*, EUA, Certificada internacionalmente *Executive Coach, Leader Coach, Team Coach* e *Stakeholder Centered Coach*, por MGSCC - *Marshall Goldsmith Stakeholder Centered Coaching*.

Pleno conhecimento das rotinas e subsistemas de RH e atuação como executiva, nas áreas de TI e Marketing, no Brasil e no exterior, em empresas nacionais e multinacionais de tecnologia (da informação, eletroeletrônica e automação), produtos de consumo de massa (perfumes e cosméticos das marcas do segmento prestígio Clarins, Givenchy e Shiseido, capilares e de proteção solar Coppertone) e serviços (banco e consultoria), como Olivetti, Bradesco, Esselte, Yokogawa, Cless Cosméticos, Phytoervas e Mercer HR Consulting (Grupo MMC).

Ampla vivência em todas as atividades de Marketing estratégico, institucional e digital, B2B, B2C e de serviços; planejamento estratégico, budget, avaliação de desempenho e rentabilidade (P&L); pesquisas; desenvolvimento, lançamento e gerenciamento de marcas, produtos e canais; comunicação, propaganda e promoção; web marketing, CRM, *Client Management* e *Business Intelligence*; eventos, feiras e exposições; identificação de oportunidades, abertura de mercados e análise de viabilidade de novos negócios. Experiente no relacionamento com clientes-chave, em negociações bem-sucedidas de contratos, joint-ventures e parcerias comerciais; gestão de pessoas e grandes equipes; elaboração de propostas e relatórios, participação em reuniões e apresentações nacionais e internacionais (EUA, Alemanha, França, Itália, Canadá e América Latina - México, Argentina e Chile).

Docente do *Executive MBA* da BSP - Business School São Paulo/Laureate International Universities – em Inteligência Emocional e Autoconhecimento, Liderança de Equipes de Alta Performance e *Strategic Human Resources Management*, de 2010 a 2016.

Profa. Convidada do Curso de Especialização em Medicina Comportamental, disciplina "Coaching como Estratégia de Realização", Pós-Graduação em Psicobiologia, da UNIFESP-SP.

Palestrante sobre temas como Desenvolvimento de Liderança, Inteligência Emocional, Liderança Feminina, Coaching Executivo, RH Estratégico e Liderança VUCA.

Membro (e ex-Diretora de Desenvolvimento) da ICF – *International Coach Federation, Chapter Brasil,* e Ellevate/85 Broads. Associada AMCHAM, ABRH-SP, CRA-SP e IBEF-SP.

Founding Fellow do IOC – Institute of Coaching, de 2011 a 2017, McLean Medical Hospital, Harvard, EUA.

Autora do livro Líder Ágil, Liderança VUCA.

Proficiente em português e inglês. Fluente em espanhol. Italiano conversacional.

Saiba Mais e Siga-me nas Redes Sociais

Websites: www.liderancavuca.com.br
www.veronicarodrigues.com.br
www.vrconsulting.com.br
www.cursoliderancaessencial.com.br

LinkedIn www.br.linkedin.com/in/veronicarodriguesmba

Facebook www.facebook.com/veronica.rodrigues.br

Youtube https://bit.ly/2OOBkwX

Instagram @veronicarodrigues.com.br

Twitter @coach_veronica

Contato, Comentários, Dúvidas & Sugestões

E-mail: autora@liderancavuca.com.br

Notas da Autora e Referências Bibliográficas

(0) N.A. - Rodrigues da Conceição, Verônica, MBA. Apresentação sobre Executive Coaching. 2006 - Namastê! – Expressão tradicional hinduísta e um gesto de respeito, chamada Añjali Mudrā ou Pranamasana, utilizada tanto para saudação, como para despedida. Feita com as palmas das mãos juntas, em posição de oração, diante do rosto ou do peito, e curvando-se ligeiramente para a frente em direção à outra pessoa. Significa, em tradução livre, "O Ser Divino dentro de mim saúda o Ser Divino dentro de você!" e é utilizada como forma de reconhecimento de que todos somos feitos de um mesmo ser Divino e Uno.

(1) Sterbenz, Christina, et al. 15 Ways The World Will Be Awesome In 2050. BUSINESS INSIDER . 23 Jun 2014. https://www.businessinsider.com/the-world-in-2050-2014-6. Em: 29/07/2018

(2) N.A. - Rodrigues da Conceição, Verônica, MBA. Apresentação sobre Liderança VUCA. 2016 - Iterar é a ação de repetir um processo, melhorando-o sucessivamente e ao seu resultado, com o objetivo de aproximá-lo de um objetivo, meta ou alvo desejado.

(3) Teixeira, Hélio., O que é Transdisciplinaridade? 8 de novembro de 2015 Visto em: http://www.helioteixeira.org/ciencias-da-aprendizagem/o-que-e-transdisciplinaridade/. Visto em: 29/09/2018. - "A transdisciplinaridade é uma abordagem científica que visa a unidade do conhecimento... Procura estimular uma nova compreensão da realidade, articulando elementos que passam entre, além e através das disciplinas, numa busca de compreensão da complexidade."

(4) Bonnet, Didier et al. When Digital Disruption Strikes. How Can Incumbents Respond? Strategies for the Age of Digital Disruption. Capgemini Consulting & Altimeter. Capgemini, 7 Feb 2015

(5) 10 years to extinction: S&P 500 companies - CNBC.com. Visto em: https://www.cnbc.com/2014/06/04/15-years-to-extinction-sp-500-companies.html, JUN 5 2014

(6) Huddleston Jr, Tom. These companies have made every Fortune 500 list for 61 years. http://fortune.com/2015/06/09/honorable-57-fortune-500/. Fortune, 9 Jun 2015

(7) Anthony, Scott D. et al. 2018 Corporate Longevity Forecast: Creative Destruction is Accelerating. Executive Briefing. Innosight, February 2018.

(8) Can a company live forever? - BBC News. https://www.bbc.com/news/business-16611040 2/17. Visto em: 29/09/2018.

(9) N.A. - Rodrigues da Conceição, Verônica, MBA. Apresentação sobre Liderança VUCA. 2016 - Unicórnio - termo do meio do empreendedorismo, é uma empresa iniciante/startup e inovadora em seu segmento, que conseguiu algo tão difícil quanto encontrar a criatura mítica que lhe empresta o nome: ser avaliada em 1 bilhão de dólares ou mais e arrecadar esta quantia de investidores, antes de abrir seu capital para o público em bolsas de valores, em uma operação de IPO - *Initial Public Offering*, ou, em português, Oferta Pública Inicial - OPI).

(10) Deloitte Review, Catch the wave: The 21st-century career. Unpublished data from Global Human Capital Trends 2017 Survey Research. Issue 21, July 2017.

(11) Frey, Carl Benedikt; Osborne, Michael. The Future of Employment. 17 Sep 2015. https://www.oxfordmartin.ox.ac.uk/downloads/academic/future-of-employment.pdf. Visto em: 29/07/2018.

(12) Joiner, Bill. Leadership Agility: Five Levels of Mastery for Anticipating and Initiating Change. Jossey-Bass. Dec 2007

(13) N.A. - Rodrigues da Conceição, Verônica, MBA. Apresentação sobre Executive Coaching. 2006 – Definição de *Stakeholder*.

(14) N.A. – Rodrigues da Conceição, Verônica, MBA. Apresentação sobre Liderança VUCA. 2016 - Scrum – "O Scrum é um método com o qual as pessoas podem abordar problemas adaptativos complexos, entregando, de forma produtiva e criativa, produtos e serviços do mais alto valor possível."... "O Scrum é um método ágil para gerenciar o trabalho do conhecimento, com ênfase no desenvolvimento de software, embora possa ser utilizado, de forma adaptada, em qualquer tipo de processo. Ele é projetado para trabalhar com equipes de três a nove membros, que dividem seu trabalho em ações, que podem ser concluídas em iterações de tempo fixo, chamadas "*sprints*", de não mais que um mês e, geralmente, de duas semanas, acompanhar o progresso e replanejar em reuniões em pé de cerda de 15 minutos, chamadas de scrums diários." Textos adaptados de: Schwaber, Ken. Agile *Project Management with Scrum*. Microsoft Press. ISBN 978-0-7356-1993-7, February 1, 2004, e de *Daily Scrum Meeting*, Mountain Goat Software, retrieved, July 26, 2017

(15) N.A. - O conceito de modernidade líquida foi construído pelo sociólogo polonês e autor de vários livros sobre o assunto,

Zygmunt Bauman, um dos mais influentes nos estudos sociológicos da atualidade.
(16) N.A. - Rodrigues da Conceição, Verônica, MBA. Apresentação sobre Executive Coaching. 2006
(17) Murphy, Robert M., Overview of Strategic Management. Leading and Managing in the Strategic Arena: A Reference Text. Carlisle Barracks, PA: U.S. Army War College, 1996-1997, 441.
(18) *Apud* Whiteman, Wayne E., Lieutenant Colonel. Training and Educating Army Officers for the 21st Century: Implications for the United States Military Academy. United States Army, 11 Mar 1998
(19) *Apud* Gerras, Stephen J., PhD, Colonel (Ret). Strategic Leadership Primer. Department of Comand, Leadership, and Management. Unites States Army War College, 2010
(20) N.A. - Rodrigues da Conceição, Verônica, MBA. Apresentação sobre Executive Coaching. 2006 - Paradigma, de forma simplificada, significa a forma, a maneira, o modelo ou padrão que você utiliza, consciente ou inconscientemente, para abordar ou lidar com as situações que se apresentam ou para resolver problemas.
(21) Goleman, Daniel. Leadership That Gets Results. Harvard Business Review. 2000
(22) N.A. - Rodrigues da Conceição, Verônica, MBA. Apresentação sobre Executive Coaching. 2006 - Com Estilo, quero dizer a maneira de exprimir-se, verbalmente ou não verbalmente, por escrito ou por comportamentos e atitudes, atos ou omissões, com a utilização palavras, expressões, gestos, maneirismos ou modos que identificam e caracterizam um jeito de ser, de agir e de expressar pensamentos, emoções, sentimentos, opiniões, valores, crenças, etc.
(23) Lynda Gratton and Andrew Scott, The 100-Year Life: Living and Working in an Age of Longevity (Bloomsbury, 2016); Douglas
(24) Ismail, Salim et al. Exponential Organizations: Why new organizations are ten times better, faster, and cheaper than yours (and what to do about it). Diversion Books. 14 Oct 2014
(25) N.A. - Rodrigues, Verônica, MBA. Assertividade na Comunicação – Definição Ampliada. Apresentação do Workshop, 2006.
(26) Rosenberg, Marshall B.. Nonviolent Communication: A Language of Life. Puddledancer Press. 1 Sep 2003
(27) Mihaly Csikszentmihalyi. Flow: The Psychology of Optimal Experience. Harper Perennial Modern Classics. 1 Jul 2008
(28) Blank, Steve; Dorf, Bob. The Startup Owner's Manual: The Step-by-Step Guide for Building a Great Company. K&S Ranch, 12 Jan 2014
(29) Osterwalder, Alexander; Pigneur, Yves. Business Model Generation: A Handbook for Visionaries, Game Changers, and Challengers. 23 Jul 2010

(30) Empoderamento - neologismo, em tradução livre a partir da palavra, em inglês, *empowerment*.
(31) Adaptado de "Significado de Sororidade". Em: https://www.significados.com.br/sororidade/, Visto em: 7/10/2018.
(32) SMART – Specific/Espercífico, Measurable/Mensurável, Achievable/Alcancável, Relevant/Relevante, e Time-Bound/Atrelado ao Tempo – Adaptado de Drucker, Peter. The Practice of Management. Harper, 1954, Pg. 131.
(33) Thomas, Rachel et al. McKinsey & Company, LeanIn.Org. Women in the Workplace Study. 2018
(34) Goleman, Daniel. What Makes a Leader. HBR. 1998
(35) N.A. – Rodrigues da Conceição, Verônica, MBA. Apresentação sobre Executive Coaching - Três Fundamentos do Coaching. 2006
(36) Ministry of Women's Affairs, Institute of Directors in New Zealand, and Business NZ. Women on Boards: Why women on company boards are good for business. New Zealand. 2016
(37) The Conference Board of Canada. The Business Case for Women on Boards. 2012
(38) Sodexo's Gender Balance Study. Expanded Outcomes Over 5 Years 2018
(39) McKynsey & Company. Women Matter: Reinventing the workplace to unlock the potential of gender diversity. 2016
(40) McKynsey & Company. Krivkovich, Alexis et al. Women in the Workplace 2017. Report. Oct 2017

OUTRAS

(41) Amerasia Consulting Group. (2013, June 3). Ambiguity equals opportunity: The story of the new HBS application. Retrieved from http://www.amerasiaconsulting.com/blog/2013/6/3/ambiguity-equals-opportunity-the-story-of-the-new-hbs-application

(42) Boston Consulting Group. (2013, March 21). Simplifying IT complexity a major opportunity for many companies [Press Release]. Retrieved from http://www.bcg.com/media/PressReleaseDetails.aspx?id=tcm:12-130333

(43) Brooks, R. (2010). A life cycle view of enterprise risk management: The case of Southwest Airlines jet fuel hedging. Journal of Financial Education, 38(3/4), 33—45.

(44) Doheny, M., Nagali, V., & Weig, F. (2012, May). Agile operations for volatile times. McKinsey Quarterly. Retrieved from http://www.mckinsey.com/insights/operations/agile_operations_for_volatile_times

(45) Draycott, R. (2012, April 25). "Marketing is dead" says Saatchi & Saatchi CEO. The Drum. Retrieved from http://www.thedrum.com/news/2012/04/25/marketing-dead-says-saatchi-saatchi-ceo

(46) Hemingway, A., & Marquart, J. (2013, June 27). Uncertainty is opportunity: Engage with purpose. Edelman. Retrieved from http://www.edelman.com/post/uncertainty-is-opportunity-engage-with-purpose/

(47) Heugens, P. P. M. A. R., & Lander, M. W. (2009). Structure! Agency! (and other quarrels): A meta-analysis of institutional theories of organization. Academy of Management Journal, 52(1), 61—85.

(48) Warwick-Ching, L. (2013, March 25). Currency wars: Volatility provides profit opportunity. The Financial Times. Retrieved from http://www.ft.com/intl/cms/s/0/e17e1ab0-8714-11e2-9dd7-00144feabdc0.html#axzz2r3QHfbxW

Anotações

Anotações

Anotações

Anotações

Anotações

Anotações

Anotações

Anotações

Anotações

Sobre a Casa do Escritor

A Casa do Escritor é uma consultoria que presta serviços e auxilia escritores no processo de produção, publicação e lançamento de seus livros.

Conheça os livros publicados e saiba mais em
casadoescritor.com.br

casadoescritor.com.br

www.ingramcontent.com/pod-product-compliance
Lightning Source LLC
Chambersburg PA
CBHW071528220526
45469CB00003B/680